数字で考える習慣をもちなさい

女子高生コンサルタント
レイの数字眼

著 小宮 一慶
経営コンサルタント
漫画 蒼田山

PHP

数字で考える習慣をもちなさい

女子高生コンサルタント・レイの数字眼

小宮一慶　著
蒼田山　漫画

北海道
ガヤ
ガヤ
どんっ
キャー
すいません
通してください
いったいわね
何すんのよ!
ひっ
ごっ…
ごめんなさいっ…
ガタ
ガタ
ガタ
引け腰
ビビりすぎ…
ブル
ブル
ブル
あ…あんた
そんなに
ビビんなくても
わあっ
すいません
すいません

これから気をつけますから許してっ！
ぁ
ダッ
おにーさん60分３０００円飲み放題！
女の子金髪カワイイよ〜
カラオケいこーよー
アハハゴメンネー
オエエエ
わははは こいつ吐いたよ
…何あれ？
ギャハハ
オイ立てよー
……こ 怖いよぉ…
やっぱりこんな遠くまで来るんじゃなかった
梁山泊ミコト(16)
東京に帰りたい…
ぐすっ
ことの起こりは3日前
ブロロロ…
はぁ？家出した？

もう我慢できなかったんです
でも　これから　どうすればいいか　分からなくて…
………
お前　今　車か？
だったら　羽田に向かえ
え？
お前の力に　なってくれそうな奴が
Walicka
ワリッカ
ソングパーク
PEPSI
NIKKA
今　北海道の　スス鬼野《キノ》にいる
どういう人　なんですか？　その人は…
経営　コンサルタントだ
あくどい大企業からは　法外な金を取るが　志ある経営者の依頼は　小額でも受けるという
彼女の協力を得て　再生しなかった　企業はないといわれている
またの名を
「女王」！
え？
その人って　まさか…

リュウさん自身に力を貸してくれた人……？
現在——
向こうには俺が連絡しておいてやる
とにかく行ってみろ
ただし力を借りられるかどうかはお前次第だぞ
あ
あった！
九院コンサルタント
ここが「女王」の店…？
こ…こんな所が「女王」の店なんて…
ド…ドアノブに触りたくない…
ボロッ
きっ…汚…
ハンカチ
ガコォォーン
こ……こんにちは〜…

……誰？
暗くて見えない…
あ…あの 僕 梁山泊ミコト といいます
ここは未成年お断り 帰って
え？
あの…僕は紹介されて ここへ
そんなこと どうでもいい
ぬ
お
う
ここをどこだと思ってるんだ
ミコト
「女王」の店だよ！

ぎゃああ
じょっ
じょ
女王さま〜〜〜!?
ガタ
ガタ
おやカワイイ
そんなに震えて
でもダメなもんは
ダメだよ
ん
お前次第
だぞ!
リュウ
はっ
ちょっ……
ちょ
ちょ
待ってください
ぎゅう
ぼ
ぼ
僕の
話を聞いてください!
しつこいね
ボーヤ!
ぼ
ぼぼ僕は
そのために北海道まで
来たんです
ぼぼ僕の父は
けけ経営者を
しています
プル
プル
父は僕に会社を
継がせようと考えていますが
僕はそんなの嫌なんです!
ずううぅん
甘っちょろいことを
言ってんじゃないよ
ありがたいことじゃないか
このご時勢に
そ　そうじゃ
ないんです
ちゃんと
理由があるんです!
スッ

父の代になって会社は大きくなりました
でも その血も涙もない強引な経営手法でたくさんの人が犠牲になってるんです
今 父の会社で幸せそうに働く人はいません
ペコ
ペコ
ペコ
みんな父の機嫌を損ねまいと僕の顔色までうかがうほどです
僕はそんな父の経営に納得できません
だから僕は…僕が正しいことを証明するためにも…
「女王」さまにビジネスや経営のことを教わって独立したいんです!
父と決別するために!
………
がしっ
へっ?

な――――!?
びたーん
ボスッ
ガサッ
なな　なな
何するんです!
ごめんね
管理人さん
店番
頼んじゃって
ズシ
いいのよぉ
私も「女王」のフリ楽しかったし
は!?
どうよ
レイ・・・ちゃん!
ガキだけど
いっちょ前なこと
言うじゃないか
!
この子は昨日
来るはず
だったんだけどね
えっ・・・
じゃ・・・
もしかして
あなたが・・・

はじめまして
梁山泊ミコトくん
私が
九院レイよ！
経営コンサルタント
九院レイ
えっ
ええー？
女王って女子高生!?
じゃ…
あの人は
「女王」
じゃなくて
あなたが
「女王」
…で……
うわあああ
よかったあああぁ
怖かったよ～
普通の女の子で
よかったよおお
珍しい
リアクションね
たいていがっかり
されるのに
ねえこの子
「梁山泊」
って…
うわぁ
うわぁ

そう
この子はあの
「梁山泊
ホールディングス」
その
総帥の
息子よ
梁山泊ホールディングス
といえば
不動産業を中心とする
関連企業全体の売上高が
1兆円を超える
巨大企業！
こんな
弱々しいのが
あの巨大企業の
跡取りとは…
ぐすっ
ぐすっ
ぐすっ
さあ！
いつまで
泣いてるの！
ずるる
さっそく
授業を
始めるわよ
ほ…ほんとに僕に
ビジネスを教えて
くれるんですか？
そのつもりで
来たんでしょう？
言っとくけど
高校生だからって
特別扱いしないわよ！

装幀――永井　貴

数字で考える習慣をもちなさい

目次

教室1　数字を把握する力を鍛える

教室2　「数字の見方の原則」を知る

教室3 数字眼の邪魔をする6つの敵

教室4 数字眼を鍛えるオキテ

教室 1

数字を把握する力を鍛える

カンカンカン
だから…ちゃんと代金を払いますいくらか教えてください
カン カン
いらないわよ高校生から正規の料金なんか
ダメですよ僕も客の1人として扱ってください
そしてもっといいビルに事務所を持てばいいじゃないですかっ
せめてエレベーターある所
パチッ
私はここを気に入ってるのよ
あ
キレイな事務所
どうぞ
こういう街の方が情に厚い人が多くてね1度認められれば強い味方になってくれるのよ
とにかくお金は払いますとりあえず今日は手持ちのお金全部で…
さっ
バサバサバサ
チャリ
チャリ
チャリーン
…現金が550円
あとは全部領収書…?
あ…あれー?
おかしいな机の中のお金は全部入れたのに

羽田まで
ハイヤー頼んで
空港で飛行機の
スーパーシートの
チケット買って…
札幌ではホテルの
スイートルームで
1泊して
今日は朝から
タクシーに乗ったけど
ここまでの道が分からなくて
気がついたら夕方で
結局降りて晩御飯食べて
このへん
ホテル
そもそも僕は
お金をいくら
持ってきたっけ？
10万円…？
100万円？
それともあれは
全部1000円札で
1万円しかなかったのかな？
スパーン
痛ッ
なんなんですか
いきなり
どこから
ハリセンを…
とりあえず
読者の気持ちを
代弁したの
あんたね…
そんなんじゃ
経営者どころか
アルバイトにだって
なれないわよ！
えええ
なんでですかぁ
できるわけ
ないじゃない！
その金銭感覚で！

あんたは
具体的な経営技術とか
ビジネスのことより
まず
「数字眼」を鍛える
必要があるわね！
す…
「数字眼」？
数字に対して
敏感に反応する
「眼」のことよ
これがあると
全体を把握する力
「把握力」
具体的に物事を考える力
「具体化力」
目標を達成する力
「目標達成力」
この3つの
力がつくの！
ビジネスマンとして
金融や会計のことを
勉強するのは
「数字眼」を
身につけてからでも
遅くはないわ
むしろ
そうした方が
うまくいくと思う
そんな勉強
本当に必要
なんですかぁ？
100万と1万の
区別がつかなかった
奴が何を言う
そもそもあんたは
1つ目の
「把握力」がないの
どうせ
日本の人口も
分からないんでしょ！

そのくらい知ってます
日本の人口は約1280000000人です
じぃ〜
な…なんですか
パ〜ン
12億8000万0000人
一桁多いっ
この人口は中国か！
数字の字面はあってても桁を間違えるのは「数字眼」がない証拠よ
ひーん
「把握力」1つ目のコツ
「数字に関心をもつ」
関心ですか…？
そうよ
興味や関心がある情報なら自然とその数字に目が留まるはずよ
あらネギが安い！
残業代へった〜
給与
どんなに鈍感な人でも自分のお給料の数字が変わっていたらすぐ気がつくでしょう？
僕は万を超える数字に関心がなかったと…
そういうことね！
領収書の山

なんだか自信がなくなってきました
どうやったら数字に関心がもてるんだろう？
そのために私がいるんじゃない？
今日は数字に関心をもつ「コツ」を教えてあげるわ
まずひとつ質問
日本の「GDP」いくらか知ってる？
……
1%とか2%とか上がったとか下がったとかよく聞くけど
そもそも新聞とかニュースとか興味をもって見てない場合はどうしたら
ブツブツ
たたかれるぅ
答えは約500兆円よ
正確には2010年4~6月期年換算で約480兆円
500兆円ですか…
ちょっと想像がつかない額ですね~
ホッ

でも その500兆円のGDPが
私達のお給料とものすごーく深い関係があるって言ったらどう思う？
そ…そうなんですか？
クスッ
そもそも「GDP」って何かしら？ミコト君
「国内総生産」です
「国内総生産」って何？
……「GDP」です……
禅問答やってんじゃないわよ
あー
すぐネットで調べちゃダメ！
1度は深く考える癖をつけるの！
「GDP」とは正確に言うと
「一定期間内にある地域で生み出された付加価値の総額」よ
へぇ…
じゃあ「付加価値」って何かしら？
ネットはダメです

シンプルなものに手を加えていいものにして売る…こと？
おど
おど
…ん〜まぁ間違いではないけど
広義では
ほ…ほんとですか？
経済の世界では「付加価値」とは単純に「売上高 ー《マイナス》 仕入れ」ってことなのよ
売上高ー仕入れ＝「付加価値」
どんな業種であれ企業というものは何かを「仕入れ」てそれを売って「売上」を立てるわけでしょ
シンプル…
「仕入れ」と「売上高」の差額が「付加価値」なんだから
その日本中の合計額が「GDP」ってこと
こういうことネ☆
一企業
□□□□
売上高 ひく 仕入れ は
付加価値
日本全体
付加価値
付加価値
付加価値
付加価値
ポコ
ポコ
ポコ
日本中の付加価値の合計
＝
GDP
500兆円

こういうふうに数字を理解することが「把握力」を鍛える2つ目のコツ
「数字の定義と意味を把握する」よ！
難しくないでしょ
そうですね…ひとつひとつ分解すればできそうです
じゃあ　3つ目のコツよ
「数字と数字を関連づける」
さっき「GDP」は私達のお給料と関係が深いって言ったわよね
なぜだか分かる？
「付加価値」ってつまり企業の収入でしょ
企業はそれを様々なものに使うのよ
どれに使おうかな
費
税金
投資
配当
貯蓄
対価としていただいた付加価値
とまぁ使い道はいろいろあるけどその割合の多くを占めるのが…

人件費
ドサザッ
人件費
税
ワーイ
社員
つまり私達のお給料よ!
KIRIN
この付加価値に占める人件費の割合を「労働分配率」っていうんだけど
たとえばコレがあまり変化しないとしたら?
そう
「GDP」が上がらなければお給料も上がらないってことなのよ!
えええええっ
そ…そうだったんですかー?
ガタッ
そうよ初めて知った?
「GDP」が上がった下がったってメディアじゃ騒がれるけど
自分達となんの関係があるのか全然分からなかったんですけど…
こういうことだったんですね!

これが「数字眼」を鍛える3つ目のコツ「数字と数字を関連づける」よ
具体的に分かると面白いでしょ？
なんだか不思議です…
今まで興味がなかったニュースや新聞の数字がすごくリアルに感じられてきました
フフッ
キュポッ
面白くなってきたついでにちょっと練習してみましょうか
さっき出てきた「労働分配率」だけど…
付加価値
税金
人件費 約60%
貯蓄
配当
投資
その他
キュキュ
これが今は平均60%くらいなのね
GDP 500兆円 × 労働分配率 60%
= 日本全体のお給料 300兆円*
これをGDPにかけると
日本全体のお給料が分かるわけ
これを日本の労働人口で割ると日本の「平均給与」が出せるのよ
さていくらかな？
さ…300兆割る1億2800万…
えーと えーと…
なんでよ

一緒に考えてみてね！

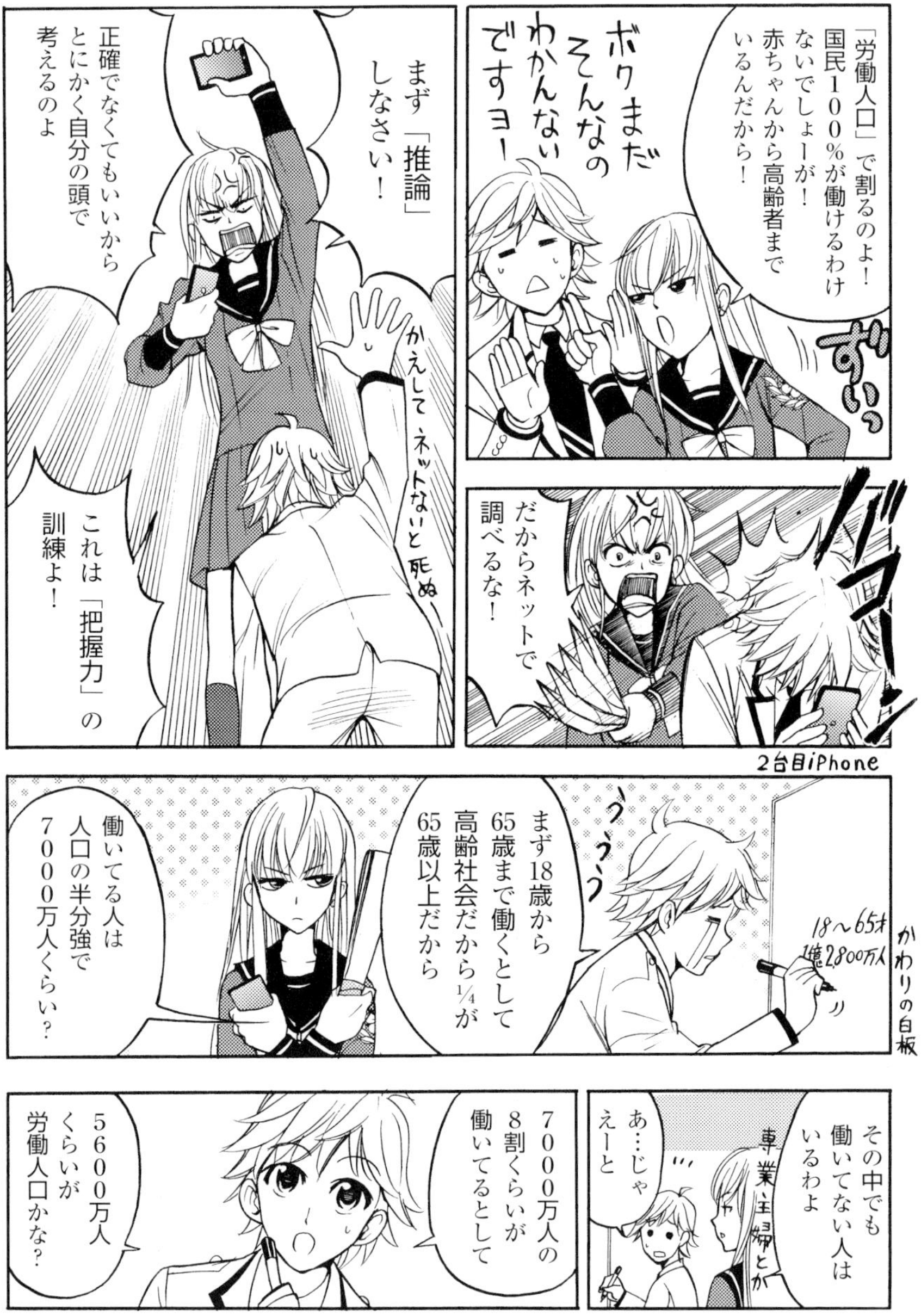
「労働人口」で割るのよ！
国民100％が働けるわけないでしょーが！
赤ちゃんから高齢者までいるんだから！
ずいっ
ボクまだそんなのわかんないですヨー
まず「推論」しなさい！
正確でなくてもいいからとにかく自分の頭で考えるのよ
かえしてネットないと死ぬ
これは「把握力」の訓練よ！
バコーン
だからネットで調べるな！
2台目iPhone
うううう
まず18歳から65歳まで働くとして
高齢社会だから1/4が65歳以上だから
18〜65才
1億2,800万人
かわりの白板
働いてる人は人口の半分強で7000万人くらい？
その中でも働いてない人はいるわよ
専業主婦とか
あ…じゃえーと
7000万人の8割くらいが働いてるとして
5600万人くらいが労働人口かな？

300兆円を5600万人で割ったら
日本の「平均給与」は530万円
まあそれくらいね
ざっくり考えれば
ほんとですか？やったー！
どう？
これくらいの大まかな数字だったら基本的な数字を押さえておくだけでいろいろ推論することができるの
逆に言えばGDPが500兆円とか人口が1億2800万人とか
そういう基本的な数字が分からないと推論もしようがないのよ
ハイ…
4つ目のコツ「基本的な個別の数字をその定義と一緒に把握しておく」
これが「数字眼」を鍛えるのに非常に重要なのよ！
北海道は
サッポロビール
SONPA
9F
ソングパーク
PEPSI
プロミス
ATMコーナー
海鮮道楽
2F

今日の「数字眼」の「把握力」のレッスンをまとめてみましょう
まず「数字に関心をもつ」
その数字が自分とどう関わっているか興味をもつことね
「数字の定義と意味を把握する」
GDPのように大きく取り上げられるのにはそれだけの大事な意味があるってことですね
「数字と数字とを関連づける」
自分にとって意外な関係性が見つかればその数字がとても身近に感じられるわ
そして「基本的な個別の数字をその定義と一緒に把握しておく」
GDPや人口に限らず「労働分配率」のようなもっと経済につっこんだ数字や自社の売上高なども覚えておくといいわね

以上のことから「未知の数字を推論する」…と
そうよ
すぐネットに頼らず1度深く　自分の頭で考える！
ううう…自信ないです
こんな複雑なこと身につくのかな…
平気よ　とりあえず今日やった数字は興味もったでしょ?
はぁ…
忘れてもここに来たら思い出すわ
ニコッ
私がちゃんと教えてあげる！
何よ
ハァ
すごいなぁ九院さんは

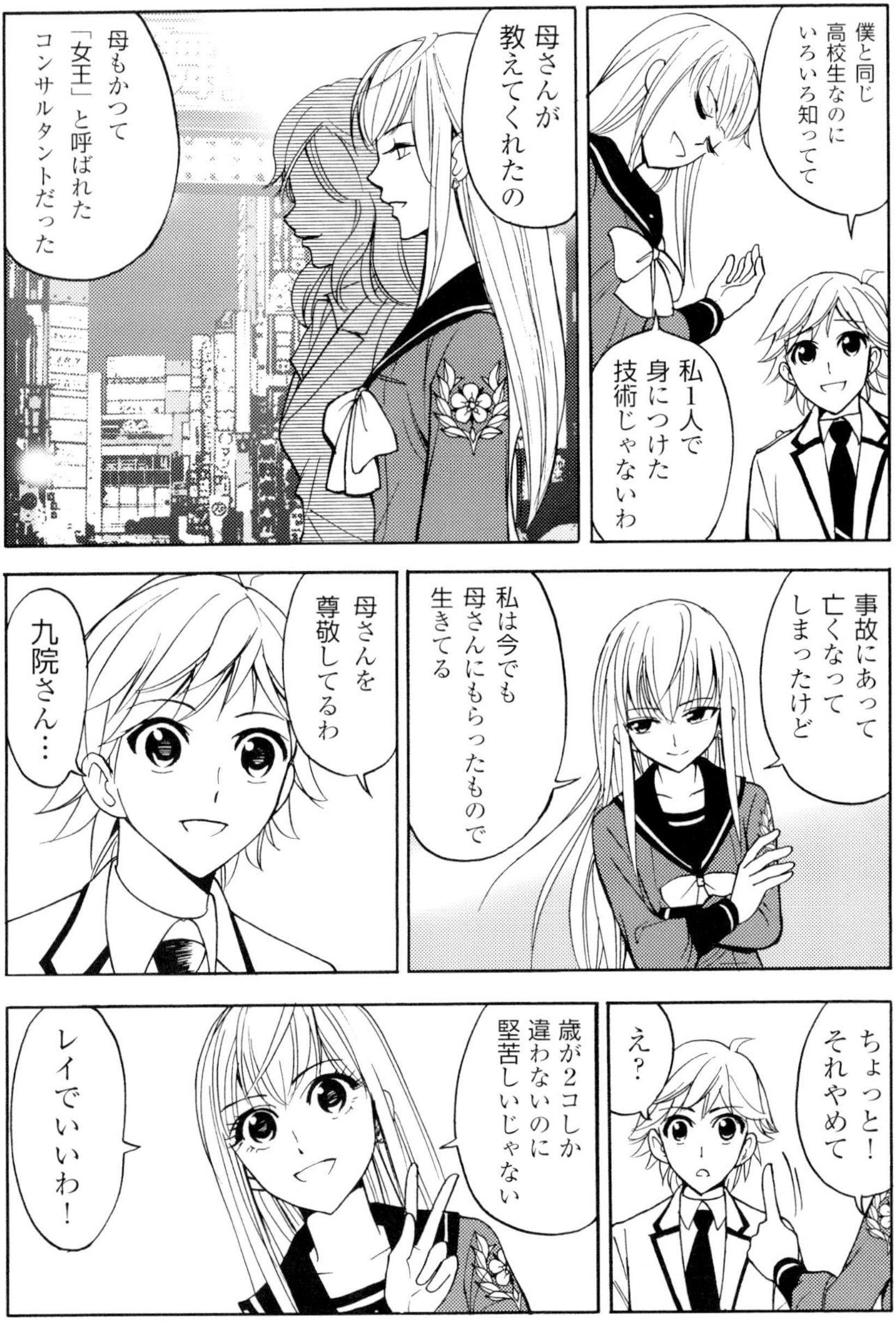
僕と同じ高校生なのにいろいろ知ってて
私1人で身につけた技術じゃないわ
母さんが教えてくれたの
母もかつて「女王」と呼ばれたコンサルタントだった
事故にあって亡くなってしまったけど
私は今でも母さんにもらったもので生きてる
母さんを尊敬してるわ
九院さん…
ちょっと！それやめて
え？
歳が2コしか違わないのに堅苦しいじゃない
レイでいいわ！

は…はい！
よろしくお願いします！
じゃあまた明日同じ時間に来て
今日はこのホテルに泊まりなさい連絡しておいたから
↑女なし
おやすみなさーい
…ん？
そういえば
レイさんに僕の歳って話したっけ？
2コしか違わないって言ったよな…
リュウさんが話したのかな？

関連づけをして、「推論」せよ！

ここからは、マンガの中では説明しきれなかったことを、補足・追加で解説していきます。マンガじゃなくなったからといって、見逃さないようにしてくださいね。

さてさっきの授業では、基本の数字とその関連を使って「推論」をしてみました。その例を、もうひとつ挙げてみます。

これまでに説明したＧＤＰと給料の関係から出てきた数字を使うと、個別の会社の売上を「推論」することだってできるのです。具体的にどうやるのかといいますと、まず、その会社の「業種」の平均的な「付加価値率」を知っておく必要があります。

付加価値率とは、卸売業や小売等なら粗利率と一緒で、「付加価値÷売上高」で求められます。人を多く使うサービス業のように１００％に近い業種から、20％ほどしかないような業種までいろいろありますが、平均的な日本の会社の場合は大体30％ほどになります。つまり、

付加価値÷売上高＝０・３

このような式が成り立ちます。さて、ここでちょっと質問です。社員数50人の平均的な会社の売上高はいくらになるでしょうか？

マンガの中の計算では、日本人１人当たりの年収が平均５３０万円、労働分配率は60％でしたね。「付加価値の総計×労働分配率＝国民の年収総計」です。これを個人レベルで考えればいいわけですから……、

５３０万÷０・６＝約８８０万

これが１人当たりが生み出す付加価値となります。社員数が50人ですから、

８８０万×50＝４億４０００万

このような式が成り立ちます。さらにこれが売上高の30％になるわけですから、

4億4000万÷0・3＝約14億7000万

この数字が、社員数50人の会社の推定売上高ということになります。ただもちろん、この数式がすべての会社に当てはめられるわけではありません。付加価値率が30％以下の会社もあれば、それ以上の会社もあるわけですし、一概にはいえません。けれど、その業種の付加価値率を知っていれば、社員数を見ただけでおおよその売上高は推測することができます。それが分かると分からないとでは、大きな違いなのです。

桁が大きすぎると感じたら

ここまでたくさんの「桁」の大きい数字を見てきましたが、大丈夫でしょうか。しっかりついてこれていますか？

「全然大丈夫じゃない！」という方、ご安心ください。はっきり言いまして、最初はそんなものです。数字に慣れていない人は、一定の桁数を超えると思考がマヒしてしまいがちなのです。けれどそのうち、必ず慣れます。なので心配せずに読み進めてください。

桁の大きい数字により早く慣れるには、ひとつコツがあります。たとえば、さっきのGDPにしても「500兆円」と聞くと、ずいぶん大きく感じますね。日常からかけ離れすぎていて、ちょっと想像がつかないかもしれません。

でも、これが500万円×1億だったら？

いかがでしょう。ちょっと身近になった気がしませんか。500兆円といきなり言われると難しいですが、500万円が1億個なら想像できますね。

こうやって大きい数字も、分解し日常に近づけると、ぐっとイメージしやすくなります。

数字を把握する力を養う

これまでの内容をまとめますと、「数字を把握する力」を鍛えるには……、

❶数字に関心をもつ
❷数字の定義と意味を把握する
❸数字と数字を関連づける
❹基本的な個別の数字をその定義と一緒に把握しておく
❺未知の数字を推論する

この5つのプロセスをしっかりふむこと。これによって、数字を把握する力が格段に養われます。

4番目の「基本的な個別の数字」とは、たとえばGDPといった数字です。あとで詳しく紹介しますが、上を目指すビジネスマンなら他にも数字やその定義を知ってお

くべきものがいろいろあります。マクロの数字でしたら「有効求人倍率」や「消費者物価指数」など。ミクロの数字でしたら「売上総利益」や「営業利益」などです。

もしあなたが将来的に経営者を目指すのならば、より一層の知識が必要です。経営で一番大事なのは、全体の方向づけをすることです。何をやるかを決め、何をやらないかを決めるのが仕事です。その経営判断では、マクロで世の中の流れを知り、ミクロで自社の状況を知っておかなければなりません。どちらも非常に大事です。

景気が悪い方に向かっているのに設備投資をガンガン行うのは愚の骨頂ですし、逆に景気が上向いているのに保守的な策しかとらないでいると、チャンスを逃してしまいます。数字やその定義をしっかり「把握」して、推論していくことが大事なのです。

責任をもつべし

ここで、マンガ内で説明できなかった「目標を達成する力」についても触れておきましょう。「数字に関心をもつこと」が大事だということを既に説明しました。でも、ちょっと考えてみてください。なぜそもそも、数字に関心をもつ人ともたない人がいるんでしょうか？　好き嫌いでしょうか？　当然、人によっては好き嫌いもあるでしょうが……。

質問の仕方を変えてみます。なぜ、社員は社長ほどには自社の数字に関心をもたないのでしょう？　なぜ、できる社員は「あと○○円」とか「あと○○％」とか具体的な数字を使って話すのに、できない社員は「あとちょっと」とか「売れてます」「売れてないです」みたいな漠然とした話しかできないのでしょうか？

答えは「責任」です。

数値化するということは、究極の具体化です。そして何であれ、具体化されないものは絶対に実行されません。

ゴールが具体化されれば、その到達プロセスも具体的に計算できるようになります。たとえば、ダイエットをしたいと思った時「あと3カ月で3キロ痩せよう」と具体的に目標設定すれば、1カ月で1キロ痩せればいいという具体的な計画も立てられますね。

つまり、物事を確実に実行しようと思ったら、現状と目標を具体的な数字で表さなくてはいけないのです。そして責任のある立場になればなるほど、その必要に迫られることになります。自分でゴールを決められないリーダーなどについていく人はいません。逆にいうと、責任感を強めることで数字眼も成長するといえます。

ではどうやって責任感を強めればいいのでしょう?

ただの精神論になるのでは……そう思われる方もいるでしょう。でも、そんなことはありません。コツは「常に数値化して考える癖をつける」ことです。つまり習慣化してしまえばいいのです。

もしあなたが将来部下をもつことがあれば、部下に対してそんな癖をつけさせるのがよいでしょう。「もう少し」と部下が言ったら「具体的な数値はいくらか?」と聞く。これがきちんと習慣化されれば、漠然とした表現では皆納得できなくなってきます。

これをプロセスとしてまとめると……、

❶数値化する
❷目標を決める

❸目標と現状のギャップを知る
❹目標達成のための、具体的な方法を考える
❺達成に意欲・責任をもつ、もたせる
❻目標達成！

と、なります。

もし目標が達成できなかったとしても、ちゃんとプロセスを考えているわけですから失敗も次回に活かせるでしょう。漠然と「ダメだった」と悩んでいるよりは、ずっと建設的です。

現状とゴールがよく把握できていなければ、何をどのくらいやれば結果が出るのかもよく分かりません。そんな状態では誰だって責任は感じにくいし、やる気も出ないでしょう。

自分で実行できると思えるには、「数値化とプロセスの具体化」を自分で考えられるようにならないといけません。そのために、自分自身も心がけなければいけないし、部下がいるなら、そのように指導していく必要があるのです。

Column 1

コペンハーゲンとプラハに思う

　2010年の秋、当社主催の海外視察ツアーに行ってきました。目的地はデンマークとチェコ。なぜ、デンマークを行き先に選んだのかというと、デンマークは福祉等がとても充実し、「世界で最も国民の幸福度が高い国」といわれています。かつ、貧困率（全世帯所得の中央値の半分の所得の世帯の比率）が5％程度と、所得の比較的低い層の割合が小さい（ちなみに日本の貧困率は16％弱です）。これらについて私はずっと「どうしてだろう？」と疑問をもっており、訪問を決めたというわけです。

　チェコを選んだ理由はそれほどなく、デンマークに行く「ついで」程度だったのですが、これが「ついで」ではなくすごくよかったのです。このことはこのコラムの最後に書きます。

　デンマークのコペンハーゲンに行って驚いたのは、自転車がすごく多いことでした。ガイドさんも、観光用に使ったバスを降りる際には、必ず「自転車に気をつけてください」と言ったほどです。自転車道路が車道と歩道の間に整備されていて、コペンハーゲンでは通勤する人の30％程度は自転車で通っているそうです。

　私はここで疑問を抱きました。自転車に

乗ることは悪いことではないけれど、世界有数の豊かな国にしては、ちょっと多すぎるんじゃないかと思ったのです。季節は秋でしたから、外も決して暖かくありません。

それで早速、ガイドさんに聞いてみました。するとデンマークは、自動車がとても高いのだと言うのです。デンマークではなんと自動車を買う時に本体価格の180％の税金が課せられるのだと。

これは大変な数字です。180％の消費税でしたら、価格は元の約3倍になります。200万円のカローラを買ったとしても、560万円です。これでは、一般的な家庭で車を買うのは楽ではありません。

なおかつ、デンマークは、所得税が40～60％かかります。そして、車以外の買い物には、食料品も含めてすべて25％もの消費税がかかります。

ですからたとえば、夫婦共働きで年収1000万円の家庭があったとして、まず所得税で半分とられて残り500万円。その500万円から通常の食料品などを買っても25％を消費税でとられるわけですから、実際は125万円は、消費税でもっていかれる。結局、ものが買えるお金は375万円しか残らない。その状態で、560万円のカローラを買うのは厳しいのです。

デンマークは平地の国です。標高が一番高いところでも200メートルもないくらいのフラットな国なので、自転車が便利といえばそれまでですが、冬場は0度以下に気温が下がるため、大変です。それなのに自動車に高い税金をかけるのは、ガソリン消費も含めて貿易収支をよくし、さらにエコにもなるということを考えているからなのです。

国民にとって税金はかなりの高負担ですが、現地で会ったデンマークに長く暮らす日本人の方が、「とにかく安心なのです」と言うほど、福祉や教育は充実しています。医療費は、薬代以外は高度医療も含めて無料、介護も無料、教育費も大学まで無料です（大学生には補助金まで出ます）。社会人の趣味の習いごとにも国が大部分を補助するなど、普通に暮らすには、大部分のことを国が面倒を見てくれるのです。思想的には自由主義ですが、経済的には、ある意味社会主義的な要素が多分にあります。

ここで私は思いました。この国は高福祉を維持するために、高負担とともに貿易収支の黒字を稼ぐことに懸命なのではないかと。GDPを支えている要素のひとつは、民需です。民間がお金をどれだけ使っているかということと、国がどれだけお金を使っているかということです。もうひとつは、実は純輸出なのです。輸出と輸入の差です。外貨を稼いだ分が国を豊かにしているのです。そう考えると、この国の自動車に対する税金がなぜこんなにも高いのかも、より具体的に理解できます。

どういうことなのか、具体的に説明します。私はもともと経済指標を読むのを仕事のひとつにしていますから、日本で車がどれぐらい売れるか知っています（日本経済新聞の景気指標欄に出ています）。年間にして、大体500万台ほどです。

一方アメリカでは年間どれぐらい車が売れているかといいますと、ざっと1100万台です。多い時は1600万台ほどにもなります。

ここで、人口に対してどれくらいの割合の人が車を買っているのか計算してみます。日本の人口は約1億2800万人。アメリカは約3億人。自動車の売上台数から計算すると、どちらの国も約4%の車が毎年売れていることになります。

これをデンマークにも当てはめてみましょう。デンマークの人口は約550万人です。このうちの4%の人が車を買うとすると、約22万台の車が必要という計算になります。22万台で、1台当たり2万ドルだとすると、年間44億ドルのお金が必要ということになります。

44億ドルというのは、1ドル=85円だとすると、3740億円です。デンマークは車を作っていない国なので、毎年44億ドルのお金が出ていくことになります。これでは稼ぐ外貨が大幅に目減りしてしまいます。

では、どうすればいいか。まず車にかかる消費税をむちゃくちゃ高くする。それによって車を使う量そのものを減らし、輸入量を相当量減らします。たとえば半分にする。実際、現地の方に伺ってみると、デンマークでは、1台の車を、総走行距離何十万キロも使うんだそうです。その理由はもちろん、車の価格が高いからです。そうすると、2000億円弱貿易収支を改善できることになります。結果、石油の輸入も減らすことができます。だからデンマークの自動車には、180%という、こんなにも高い消費税がかけられているのです。

デンマークは外貨を獲得するために、あらゆる努力をしているようです。電力に関してもそう。デンマークでは電力の20%は風力発電でカバーしています。これにより、さらに石油の輸入を抑えているのです。

デンマークは農業国であり、最大の輸出産品は農産物です。ですから、農業も国の政策で大規模化させています。農業で稼げるようにしておいて、かつ、自動車などの輸入を規制して外貨を獲得し、これだけの高福祉を維持しているわけです。

と、ここまでざっと説明してきましたが、実はここで解説したことは、私が経済学のフレームワークや数字をしっかりもっていたからこそ、考えられたことなのです。GDPとは何か、という基本的なところを知っているのはもちろんのこと、他にも様々な知識・考え方のフレームワークや数字を知っているから、この貿易収支の問題に気づけたわけです。

貿易収支の問題に気づかないと、単純に「車が高いから、みんな自転車に乗っているんだね」というだけの話で終わってしまいます。そしてより大事なこと、深いことに気づくこともできずに終わってしまいます。フレームワークや、元になる知識がどれだけ大事か、ということですね。

さて、話をまたコペンハーゲンに移します。旅行中、コペンハーゲンで一番の繁華街を歩きましたが、国民1人当たりのGDPはかなり高いにもかかわらず、高級ブランド店がほとんどないことに驚きました。物価は高いのですが、H&Mなどの比較的リーズナブルな値段のお店が並んでいるのです。街ではタクシー以外ではベンツなどの高級車を見かけることもほとんどありませんでした（タクシーは車を取得する際の税率が低いのです）。外食もほとんどしないとのことです。

つまり、平等で安心なのですが、高級品をもつなどのぜいたくは難しいのです。逆にいえば、物的なぜいたくをしないなどの価値観が、大きく違うということでしょう。

その後、チェコのプラハに移動しました。1人当たりの所得はデンマークより大幅に落ちるのですが、街にはベンツやBMWなどの高級車が走り、その割には物価も安く、昼からビールを飲ませるパブも多く（チェコは1人当たりのビール消費量世界一！）、経済格差もかなりあるようでした。

この視察ツアーに参加された方の多くは、「デンマークよりチェコのほうが幸せなのではないかと思う」とおっしゃいました。何をもって幸せというかは価値観によるる部分も多く、なかなか難しいところがあるようですね。

教室2 「数字の見方の原則」を知る

アハハハ
マジでウケんだけど－
梁山泊のお世継ぎがこのような猥雑《わいざつ》な街に滞在なさっておられるとは…
なんと不憫《ふびん》な！今この山崎がお助けしますぞ！
ちっさいおっさんだ
ミコトの教育係　山崎
山崎山崎ー！
はっ！
くりんっ
なんという下品な女達か！
ぼっちゃま！ご無事でございますか？
え？何が？
1　2　3…10枚！
10万円借りておくね
なんとそれだけで？
300万ほどお預かりして参りましたのに
しーっ ここで札束とか出さないで！
とりあえずこれでどれだけ生活できるか試してみるよ
それも勉強のうちだしね
ぼっちゃま なんと熱心な…
北海道におられる間は私がお守りします！
ところで山崎…
父は…
梁山泊帝左衛門はどうしてる？
総帥はいつもどおり忙しくしておられます
はは…
だよね

あの父が僕のことで
心を乱すことなんてないか…
RYOZANPAKU
3日前
梁山泊ホールディングス本社
ド
梁山泊ホールディングス　総帥
梁山泊帝左衛門

もう1度
言ってみろ
ミコト
梁山泊は
継ぎません…
ここは
僕の居場所じゃ
ない…！
馬鹿者が!!!
お前はこの梁山泊を
継ぐのだ……
お前に他の
選択肢などない！
…そういう
ところが…
もう我慢
できないんだ…
ぐぐ
自分だけが正しいと
決めつけて
そのやり方で
どれだけの人が
不幸になったと
思うんですか！
梁山泊が傾けば
社員が養えなくなる
それ以上の不幸が
あるのか？
ええ？

あなたは…
本当のことを知らないんだ…!
ぼっちゃま また郵便受けに こんなものが…
内部告発に 脅迫状…
今週でもう 10通目だ
大丈夫ですか? 今 救急車を…!
いいんです ミコト様
ノルマを達成して いないと上司に ばれますから…
なあ なぜお前の親父は 俺の工場との取引を やめたんだ
俺の製品の 質はどこにも 負けてない!
なのに 人件費が少し 高いだけで 切るなんて!
そんな甘い考えで 経営者など 務まるものか!
競合他社を 出し抜かなければ こちらがやられて しまうだけだ!
甘い…? 甘いんですか 僕は…
だったら…!
僕よりもっと あなたの考えに 近い人を総帥に すればいい!
もう たくさんだ!

ぼっちゃま！
お待ちくださいミコト様！
はー
いいんだこれで…
あのまま梁山泊に残っても僕には何もできはしない
僕は僕のやり方で独立すればいいだけだ
じゃばらっ
!!
ギクッ
ぼーっとしてるんなら何も教えないよ
すみません授業お願いします
クスッ
じゃ
前回は「数字眼」があると世の中の見え方が変わるって話をしたんだけど
今日は「数字の見方の原則」を教えるわね

「数字の見方の原則」……？
この場合の数字というのは学問としての「数学」における数字とはまったく別物よ
文章には文章の読み方の基本があるように
経済で使われている数字にも読み方の基本があるのよ
あんたみたいに数字が苦手っていう人達はその基本を知らないのよね
今 勉強中ですもん
ぷぅ
そう！それが大事
分からないなら分かるようになるよう努力すればいいの
じゃあ始めましょう
「数字の見方の原則」キホンその1
「全体をつかむべし」！
わぁ
数字ってのはそれ単体じゃなんの意味もないの
たとえば……
今 ここ何ページ？
57ページですね

ここが58ページっていうだけだとたいして意味がない数字だけど
ネタバレに気をつけてネ
「この本が208ページあって今58ページ」ってなると意味が出てくるでしょ？
まだまだ前半ですね…
ホホホ
いまココ→
他にもたっぷり学ぶことがあるからね
このように数字は何かと比較して初めて意味がでてくるのよ
まず目をつけたいのは「割合」ね
その数字は全体でどの程度の割合をもつものなのか？
その数字は？%
全体の数字は？
その数字が属する全体の数字はどのくらいなのか？
この2点を常に考えることが大事よ
うう
なんだか小難しい…
癖にしてしまえばそうでもないわ
たとえばそうね…

新製品のパソコンが発売されたとするわ
くるっ
はぁ
ところがなんと不良品が〈1万台〉見つかってしまいました
えええ？
〈1万台〉ってそれは大変だ
早く対応しなくちゃ！
はい　そこでストップ！
へ？
まず最初に考えなくちゃならないのは
その型のパソコンは全体で何台あったのか？ということよ
あ！
ここでキホンその1なんですね！
そう
1,000万台
のうちの
1万台
1000万台のうちの1万台が不良品だったのか
1万台
のうちの
1万台
1万台のうちの1万台が不良品だったのでは　問題がまったく違うことになるでしょ？

確かに
前者なら不良品は全体の0・1%だけど後者だと100%が不良品だ
全体に占める不良品の割合が0・1%ならどこかの製造ライン上のミスではないかと予想がつく
○○工場のAラインだ
手順を一からチェックしろ
100%なら設計ミスの可能性が高いと考えられるわ
何でこうなったのか見つけないと
開発
ああ…そうですよね
このように「割合」を考えると数字の大小にかかわらず問題を冷静に判断することができるの
まず全体の数字をつかむことで
何%?
問題の数字
全体の数字
数字の意味を知り問題の本質を的確にとらえることが可能になるのよ!
なるほどう考えましたネ
ウフフフ プロだから

さて 次の「数字の見方の原則」はね…
キホンその2
「大きな数字を間違うな」！
…大きな数字？
ということは大きな数字と小さな数字があるということですか？
あら なかなか鋭いわね
たとえば そうね…
コンビニのおにぎりが100円になるセールで
おにぎり100円!
いつもよりランチが30円とか50円とか安くあがったって喜ぶサラリーマンいるじゃない？
30円とかで喜ぶ人がいるんですか？
信じられない…！
あんた 反感買いまくりよ 気をつけなさい
でもそういう人だって飲み会などで気分が楽しくなってしまうと日々の節約とは別に
カンパーイ
5000円1万円ぱーっと使っちゃったりするのよね～

日々の努力が無駄じゃないですか！
そうなのよ 大人って難しいわねぇ
これをビジネスの話で言うと
節電！
会社の光熱費の節約などで月に1万円とか3万円とか浮いたって喜ぶ経営者が
本業でうまく取引できなくて何千万円という赤字を出したりするってことなのよ
残念ですが今回は…
何やってんですかあの人！
たとえばよあの人は…
一応
このように経済の世界では小さな数字から大きな数字までたくさんの数字が飛び交うわ
それを全部事細かに見ていたんでは何が一番重要なのか分からなくなってしまいかねないの
要は大枠をつかむということ！
売上高を1円単位で覚えているより何億何千万と大きくつかんだ方が現実には役に立つわ
桁違いだけはしちゃダメだけどね
ハイ…

キホンその1もその2も
視野を大きくして
全体をつかんだり
大枠をとらえたり…
フムフム
「数字眼」はまず
大きく
とらえることが
大事なんだな
「木を見て
森を見ず」
細部にとらわれて
全体を見失っては
本末転倒だ!
さて
次ですけど
「数字の見方の原則」
キホンその3
「小さな数字を
見落とすな」!
ドン
今 小さな数字に
とらわれるなって
言ったじゃないですか!
ぱちーん
状況に
よるのよ!
小さな数字でも
大切な数字が
あるの!
それは
見落としちゃダメ!
ブーブー

さっ
たとえば このチョコ
カチーン☆
コンビニのレジ横によくあるわよね！おぼっちゃまは知らないでしょうけど
知ってますよ「ブラックタイガー」
ブラックタイガー
おいしさ猛獣級！
ローストアーモンドがざくざく香ばしいウエハースチョコ！けっこう好きです！
じゃあいくら？
ぐっ
いつも山崎に買ってきてもらうから知りません…ッ
やーい金持ち やーい
正解は50円！安いよね！
じゃあ仮にこれ1個50円から55円に値上げしたら
どれくらい儲けが変わるかしら？
50円
55円
差額5円じゃさして変わらないですよ
100万とか…
あら そう思う？

ちなみにこの商品は年間1億個も出荷されるヒット商品よ
ええ？
じゃあ5円値上げしたら売上高や利益が5億円も変わるんですか？
100,000,000個
×
5円値上げ
=
500,000,000円
そのとおり！
もちろんこの商品は年間1万個程度の出荷だったら5円の違いはたいしたことはない
だけど…
売上高や利益が5億円違えば上場企業なら業績や株価にも大きな影響を与えることになるわ！
期待値UP
株価UP
うわー すごいことに…
値上げしてもそのまま1億個売れればの話
1個5円の差が会社の行方《ゆくえ》を変える差になりかねない
ね
小さな数字でも大事でしょ
要はケースバイケースで判断しなさいってこと
そ…そんなぁ～

僕なんかじゃ どれが大事な 小さな数字か 判断できないです
どうやったら その基準が身に つくんですか？
……… 慣れね！
ひどっ
他にも 企業の人件費率とか 合計特殊出生率とか わずかな数字の違いが 全体に大きな影響を及ぼす 数字があるわ
実際に計算して 慣れてちょうだい
1個当たりいくらとか 1人当たりいくらとか いう数字が 要チェックよ
プス
プス
さ このキホンは このくらいにして 次にいきましょうか
まだ あるんですか？ ちょっと 休みましょうよ
何甘いことを 言ってるの！ それで本当に 独立するつもり？
父親を超えてやる くらいの気概は もちなさいよ！

あの父を超える……
……
レイさんは
父を知らないから
そんな簡単に
言えるんだ……
どよん
なんか言った？
なんでも
ないス
もうちょっと
がんばりなさいよ
おいしいラーメン屋
連れてってあげるから
本当ですか！
やったぁ
北海道ラーメン！
わーい
何よ
いきなり
元気になって…
……

数字の定義を「正確」に知る

では次に、「数字の見方の原則」キホンその4の解説です。

それはズバリ「数字の定義を『正確』に知る」ことです。前にも少し説明しましたが、とても大切なことなので、もう少しつっこんで学習しましょう。今回は、日経平均株価を例にとります。

皆さんは、日経平均株価の正確な定義をご存じでしょうか。え？　全上場企業の株価の平均？

……残念ながら、違います。日経平均株価というのは、代表的な銘柄２２５種の株価を特殊な計算方式で平均したものなのです。時代によって企業の力は変化していくので、それに合わせて時々入れ替えが起こっています。

２２５銘柄と聞くと、意外と少ないと思われるかもしれません。けれど、日経平均株価とよく比較されるＮＹダウは、たった30種しかありませんし、決して少ない数字ではないといえます。

ちなみに、日経平均株価に関連して、TOPIXの定義はご存じでしょうか？　これは東証株価指数のことです。こちらは、東京証券取引所第一部全銘柄を対象にして算出されています。

定義を曖昧《あいまい》にしたまま数字を使うことは、とても危険なことです。定義をよく知らないと、簡単な数字のトリックに引っ掛かってしまったり、漠然としか物事を考えられなくなってしまいます。ビジネスパーソンにとっては致命的です。

たとえば、今例に出した日経平均株価。これひとつとっても、日本全体の株価の動きを表しているとされていますが、あくまで近似値として表しているだけです。あくまで225銘柄の動きである、ということを知っているのと知らないのとでは大違いなのです。

もうひとつ例を挙げてみます。財務諸表にある「売上原価」の定義はなんでしょうか？

これは、仕入れた商品の原価と思われがちですが、実際は違います。「売上原価」は、仕入れたもののうち、売れた分だけの原価の数字なのです。では、売れなかった分の費用はどうなるのかといいますと……、仕入れたものは一旦「棚卸資産」に計上されます。そこから売れたものが「売上原価」に移っていくのです。

このように、いくら数字の推移を把握していても、定義が分からなければ会社の状況を正しく理解することはできません。もちろん、定義はただ覚えるだけではダメです。きちんと「理解」することが重要です。

時系列で比較せよ

次にキホンその5です。これは「比較」をすることです。こちらも前に説明しましたが、ここからは応用編です。

先に説明したように、数字はなんらかの比較を伴わないと、それが本質的にどういう意味をもつのか判断できません。その比較のひとつが「全体の中から割合を見る」というものでした。

他に「時系列で比較する」という方法もあります。前年比や年次推移というものです。前年同月比で示されることで、単体では判断できなかった数字に意味が出てきま

図1　ミコトの数学の月末小テストの成績（隔月ごと）

4月	6月	8月	10月	12月	2月
75点	82点	85点	91点	76点	69点

す。さらに、10年間、20年間の同一条件下で数字が示されれば、かなりのことが分かるようになります。

たとえば、上の図1を見てください。マンガの中のミコト君の、去年の数学の月末小テストの成績を隔月ごとにまとめたものです。

たったこれだけの情報しかありませんが、ここからでもいろいろなことが読みとれます。ミコト君は、最初のころは真面目に勉強していたようです。段々成績も上がっています。ですが、10月に90点を突破して油断したのか、次のテストは大幅に成績が下がってしまいました。そのあと、さぼりがたたったのか、やる気がなくなってしまったのか、2月には過去最低点を記録。これは、お父さんにも散々怒られたことでしょう。

いかがでしょう？　この数字だって、単体だけで見たらそこになんの意味も出てこないし、推測もできません。時系列で比較することによって初めて、ミコト君の学習意欲の流れが推測できるというわけです。

他とも比較せよ

キホンの最後、その6は、水平方向の比較です。時系列で見るというのは、現在と過去……いわば垂直方向の比較です。これに対し、他社や他国と比較する。すなわち水平の比較も大事になります。

たとえば、日経平均とNYダウの比較。日本とEUのGDPの比較。ライバル企業同士の売上高や利益の比較など。

日本の労働分配率は果たして高いのか低いのか？　自社の利益率は同業他社と比べて高いのか低いのか？　原価率にしろ何にしろ、標準値や同業他社と比べてみないと、自社の数字がどんな意味をもつのか分かりません。

業界での位置を知るのも、広い意味での比較です。シェアや、順位などです。あと分かりやすいものは、テストの成績と偏差値です。偏差値も、他者との比較があって初めて成り立つものですから。

「数字の見方の原則」6つのキホンのまとめ

❶全体をつかむべし
❷大きな数字を間違うな
❸小さな数字を見落とすな
❹数字の定義を「正確」に知る
❺時系列で比較せよ
❻他とも比較せよ

Column 2

どうなる、円高

この原稿を書いている２０１０年10月現在、円は80円台前半を推移しており、円高・ドル安が続いています。これからの動きが注目されるところですが、私は再び円安に戻ると読んでいます。

なぜかといいますと、アメリカの個人所得が過去最高を超えたからです。２００８年レベルを超え、過去最高です。しかし、失業率がすごく高い。

今、アメリカで何が起こっているのでしょうか。アメリカはもともと、年間で１５０万戸ほど、新しい家が建つ国でした。それが今は60万戸ほどしか家が建たなくなり、自動車も、昔は年間で１６００万台売れていたのが、今は１１００万台くらいしか売れなくなりました。けれど、所得は過去最高を抜いている。つまり、貯蓄しているのです。貯蓄率は６％前後です。

これは今までのアメリカでは、なかったことです。私はずっと数字を見ていますが、アメリカの貯蓄率は通常１～２％で推移しています。それが６％前後。ある意味、異常な数字です。

この理由には、ズバリ雇用不安があると思います。今、アメリカの雇用状況はとても悪く、失業率は９・５％ほどです。逆に

雇用不安がなくなれば、一気に消費が伸びると私はふんでいます。

アメリカは消費が美徳の国です。就職の内定が決まったというだけで、学生がローンを組んで新車を買ってしまうような国なのです。日本人の感覚ですと、少なくとも実際に働き始めてからでないと、安心して車など買えませんよね。

そしてここ何年間も、必要なだけの家が建っておらず、車も売れていません。ですから、買いたいというエネルギーがすごくたまっているはずなのです。そのエネルギーは、いつか必ず爆発します。

それがいつになるのかは、正直分かりません。けれど、そうなり始めたら、アメリカは政策転換も早いので一気に短期金利を上げてくると思います。そうすれば、一気にドル高に反転すると考えています。そしてドルが戻り始めたら、日本の株も一気に戻ると思います。

あくまで、これは私の仮説です。実際に当たるか当たらないかは神のみぞ知るところです。欧州の金融危機が再燃するとか、アメリカの商業ローンが滞《とどこお》り始めるなどといった不確定な事態が起これば私のシナリオも狂いますが、それは仕方ありません。大事なのは、常に情報を仕入れ、仮説を立てるということです。

ヒントになる情報は、手近なところですぐに手に入れることができます。先ほど触れた、アメリカの個人所得が過去最高という話も、日経新聞に出ている数字です。貯蓄率も出ています。そういったちょっと気になる数字はどんどんメモしていくのもいいかもしれません。私は仕事柄、数字を記憶するのは得意ですが、それでも「これは覚えられないな」というような細かなものや特殊なものはメモしておくようにしています。

仮説を立てる場合、何も背伸びして小難しいテーマを選ぶ必要はありません。もっと身近なことで、自分が疑問に思ったことに対してでもいいのです。

たとえば私の場合、仕事柄、講演などで地方に出かけることがよくあります。初めて訪れる町も多いのですが、そんな時、私はきまって町の風景を最初にチェックします。商店街はシャッター通り化していないか、何か面白いものはないか……などなど。

時には、不思議な町にも出会います。たとえば熊本。熊本駅は、中心地からものすごく離れた所にあって、なんでこんな所に昔から駅があるのかと思うほどです。中心地までタクシーで1000円以上かかるのです。こんな町は他に知りません。

だから、熊本は大阪から行く場合、飛行機で行くか電車で行くかいつも迷います。東京からの場合はもちろん飛行機で行きますが、実は空港もまた中心地から遠いのです。

なぜこんなに熊本駅は不便な場所にあるのか……私も考え中ですが、あえてその内容はここでは伏せておきましょう。

皆さんは、どういったことをテーマにして仮説を立てますか?

教室3

数字眼の邪魔をする6つの敵

ドドーー
ザバーー
ドドォオ…
コォ
破ァ!!!!
バガン
ガラ
ガラ
総帥
お見事です
フゥ…
ウム

港湾地区のタワービルの工事が予定より遅れている
原因はなんだ専務
はい…
中国の建設ラッシュでコストの安い人材が集まりません
今は少ない人材で休みなく進めていますがあまり急がせると事故などの可能性も…
遅れを取り戻せ！予定通り完成させろ
は…はい！
………
総帥！
戻ったか首尾は？
はっ！
こちらです
さっ
やはりお前か…
「九院レイ」！
連れ戻せ！
ははっ！

ラーメン
スス鬼野——
こんばんは！
レイちゃんいらっしゃい！
どん
スス鬼野味噌ラーメンお待ち！
はぁぁ
いっただっきま———す！
ずっ。ぞっぞっぞっ

ああ…このこっくりもったりとした味噌の濃厚なうまみの間から奥ゆかしく顔をのぞかせるやわらかな昆布出汁
そのハーモニ
むっちり
からみつ
バターの
舌の上に
やめて ラーメンマンガじゃないのよ！
ひゃっ ひゃっ
なんだ レイちゃん 珍しいな！ 男連れか？
ラーメン屋のおやじ：東京に兄がいる。
ホントだー いつもは 1人なのに
ニヤ ニヤ
よっ よっ
てめー レイちゃんの なんなんだよ～
バカたれ 決まっとるじゃろ 野暮じゃの！
ビシッ
グフッ
レイちゃんの 弟じゃろう な！
ガッ
そこは「彼氏」じゃ ないんですか？
彼氏だぁ？ バカ言うな
キェー
大の大人相手に 丁々発止《ちょうちょうはっし》と渡り合う レイちゃんがお前みたいな 小僧を相手にするかい！
じーちゃん 女王のファンだから
依頼人にしちゃ 若いしな

残念！
これでも
依頼人よ
依頼人というか
「塾生」みたいな
ものかしら
えー
じゃあここで
授業やってみる？
いつもと違って
おもしろいかもよ
こういう場所で
できるんですか？
むしろ
今日のテーマに
ぴったりよ
今回のテーマは
「数字眼」を邪魔する
「敵」についての話よ
「敵」？
「数字眼」を
身につけていれば
数字を正しく
冷静に分析
できるんだけど
私たちは
普段の生活をする上で
自然に身についた
「数字に対する感覚」
をもっているの
たまにそのせいで
勘違いを
してしまうことが
あるのね
NIKKA

それを逆に利用した宣伝文句もいっぱいあるのよ
いわゆる「数字のトリック」ね
たとえばこんなのとか
バナナパフェ
398円
どんなものがそれにあたるんですか?
ん——
そうねぇ
ゴト
あああ…
よくありますよね イチキュッパとか ニーキュッパとか
ぶっちゃけこれは400円なのよ! でもそこを2円ほど下げるの
そうするとあら不思議 50円も100円も違う気がしてくるわ
バナナパフェふたつくださーい
値下げの額はほんのわずかなのに そのことが10倍以上の差に感じられるのね
僕も食べるんですか
こういう数字に対する私たちの感覚は時に「数字眼」の妨げとなってしまうの
それが「敵」ってこと!

まず「数字眼」第1の敵は
「主観」!
ミコト君 あの女の人が持ってるバッグいくらだと思う?
え…んーと
1万円…とか2万円?
正解は75万円
ハア!?
たっ……高っ!
あら あんたでも高いと感じるの?
あっ…当たり前じゃないですか
カバン1個に何十万円ていうお金なんてかけないですよ
でも あの人はたぶん高いものだと思ってないわね
ほんとですか?

ざっと見た感じ…
ネックレス 某ブランド 100万円
ピアス20万円 指輪30万円
腕時計 250万円ってとこかしら
ここのラーメンすきー
そういう人があのバッグを高いと思うかしら?
う…
ごく普通の値段のものでしょうね
むしろ安いと思ってるかも
このように同じ75万円という数字でも人によって捉え方は様々というわけよ
ハァ……
タン
バナナパフェお待ち!
「主観」についてもう少し説明するわ
わーい♡
お願いします
あのバッグは人気ブランドの限定品だから女の子にはとても人気なの
けど75万円じゃ皆そうそう手が出ない
まあそうでしょうね
じゃあ 仮にあんたに気になる女の子がいるとして…
え?

その女の子もあのバッグが欲しいと思っているの
で　あんたもそれを知っている
そんな時　もし別の店であのバッグが5000円だったら
000円
5,000円
円
あんたそのバッグ買う？
いや…買わないですよ
どうして？
75万円が5000円になるなんて変ですよ
どーん
さすが北海道量が多い…
安すぎて怪しいというか
ふーん5000円じゃ買わないのね
？
では　また別の話で…
たとえばあんたは自転車が欲しいと思っているわ
それはあんた買う？
それは買うと思います半額だし…
そんな時ホームセンターで1万円の自転車が5000円で売られていた
50%オフ!
10,000円
5,000円
どうして？
は？

かたや
75万円のバッグが
5000円
かたや
1万円の自転車が
5000円
同じ5000円でも
買う時と
買わない時が
あるのはなぜ？
え？
…アレ？
……
言われてみれば
確かに…
このように
実は私たちは
数字をとても主観的に
判断してるの
同じ5000円でも
それがブランド品に
付いた値段なのか
1万円の自転車に
付いた値段なのかで
私たちは数字の意味を
コロッと変えてしまうの
ブランド品
らしくない…
おっ
おてごろ
同じ5,000円
前に出てきた
サラリーマンが
たまには
いーじゃん
5000円
くらい
ランチには出さなくても
飲み会では5000円
出すってことですね
そう
経済で出てくる
数字というと
普遍で客観的な
もののように
思えるけど
経済で前提とされているような
数字を「合理的に判断する人間」
なんて　実は存在しないの

しかも
その普段使いの
「数字感覚」は
人によって
大きく違うのよ
その違いは
どこからくるもの
なんですかね？
その人が普段
何をどのくらい
見てるかに
よるわねぇ
イラッ
え
ここに来たばかりの
あんたがいい例よ
小声
2日や3日で
100万円使い切れる
人間がどのくらい
いると思うの！
すいません
すいません
それはあんたが
普段からああいった商品に
囲まれていたから
ああいう数字感覚に
なったのよ
移動はハイヤー
ホテルはスイート
飛行機はスーパーシート
食事はコースで
たまにはラーメンたべたいな
そんなあんたと
コンビニランチの
サラリーマンじゃ
値段に対する感覚が
同じになるわけが
ないでしょう？
だから
より客観的な数字感覚を
もつには普段から
いろいろなものを
見ておくことが大事なのよ
自分の常識から見て
目の前の値段は
高いのか安いのか…
意識することよ
ここまでは
分かった？
はい！

北海道は
サッポロビール
次の「数字眼」第2の敵は…
「見え方」!
あのポスター見て
どっちのラーメンがお得だと思う?
ザ・シンプル
トッピング自在!
ねぎぶっかけ
らーめん
300円
新発売
これぞ北海道
北海濃厚
らーめん
690円
左のほうが右の半額以下でめちゃめちゃ安いじゃないですか
でもあれトッピングがないみたいよ?
ネギだけ
そっか…じゃあラーメン自体が安いからいっぱいトッピングのせたいな
とりあえずチャーシュー2枚に卵は欲しいし…メンマとやっぱり北海道コーン…
ホタテとかも入れたいナ
はっ…
ん?
ニヤニヤ
合計いくら?
730円…
ぶーーっ

あんたけっこう単純だねー
バシバシ
よく言えば純粋というか…
見た目のインパクトに惑わされると不用意な出費をしてしまったり判断を誤ったりしがちなの
これが「見え方」の罠！
反省します
価格表示のうまい企業はこうした数字の「見え方」をうまく利用しているの
商売上手とよんでくんな
だからいつでも冷静に判断して行動しないとダメなわけ
とはいってもラーメン屋でトッピングをのせすぎたりハンバーガーショップで単品でいいところをセットにしてしまったりするのなんかは自分の責任だからいいんだけどね
あるある
問題はビジネスでの話よ
たとえば　会議ではいろんな資料が渡されるんだけど
こんなキレイな表がエクセルで作られてて
フルカラ～
1-3月期達成率
部門別
○○
××
△△
□□
●●
○○国内シェア
××国内シェア
こういうふうに部門ごとに業績を並列に並べられると…

どうしても伸び率のいい数字に目がいくでしょ
まぁ
そりゃそうでしょう
でもそれが企業全体から見てたいした収益力をもたない部門だったら？
え？
本来ならば企業にとって重要な部門の伸び率こそが大事なのに
業績の実体
ひょろ
ひょろ
収益力(小)
の、のびない…
収益力(大)
伸び率だけ見てしまう
役員
社長
役員
こっち伸びてるし
まいーか
数字の見え方で正確な判断ができなくなって見過ごされてしまうの
どよっ…
だ…大問題ですね…
そうなのよけっこう見落としがちなんだけどね
日高山荘
あ…レイちゃんだ
レイちゃんしゃべってる…
このように人が数字を判断する時にはどうしても他の要素に影響されるものよ
だからせめて「影響されやすい」ってことを常に意識しておかないとね

次の「数字眼」第3の敵は「思い込み」よ！
思い込み？
ガサ ガサ
ここに新聞の朝刊があるわ
ここに「○○版」って印刷されてるの知ってる？
あ そういえば…
じゃあこの朝刊は「第何版」から始まるのかな？
は？
フツーに第1版からじゃないんですか？
朝だし最初は第1版からだよなぁ
答えは
第11版からでした！
第 11 版
第44828号
あれ？
じゃあ 第1版は？
そっちよ 夕刊
ほんとだー

実は全国紙の場合第1版は夕刊から始まるの
新聞社が朝から作るのは夕刊だからよ
このように　数字といえば必ずしも順番どおりの意味をもっているとは限らないの
例・高校球児
背番号1のエースが9番打者
4番打者が背番号3
背番号4だから4番打者じゃないんですか?
初めて知った!!
野球知らないと分かんないわよね…
「思い込み」は「数字眼」にとって最も強力な敵のひとつよ
その思い込みにひっかからないために…
常に身の回りの数字に敏感である必要があるんですね!
そのとおりよ!だいぶ分かってきたじゃない
ハハ・・
プス
プス
そろそろキャパオーバーです
うちもそろそろキャパがオーバーだよレイちゃん……
おひらきにしねーかい?
日高山荘
ぼっちゃまおむかえにあがりましたぞー
あら?

第4の敵　常識

マンガに引き続き、「数字眼」の敵について解説をしていきましょう。

第4の敵は「常識」です。

昔、ある病院団体さんの依頼で、3年連続で15の病院で満足度調査をしたことがありました。その結果、とても興味深いことが分かったので紹介します。

その調査は、入院患者、外来患者、従業員に、病院の様々な項目について「悪い」から「良い」まで7点満点で評価してもらうというものでした。たとえば「医師の言葉づかい」や「医師の説明」などについて満足度を聞いて、1から7の数字を選んでもらう。それで平均4・7とか、そのような結果を出すのです。

さて、ここでまた質問です。毎年すべての病院で、一番不満度が高かった項目がありました。それはなんだと思いますか?

……そう。「待ち時間」です。病院の待ち時間は、とにかく長く感じてしまうもの。体調を崩しているわけですから、余計に長く感じるのでしょう。「待ち時間が長すぎる！」という不満の声も、テレビなどでよく聞きます。

では、この調査をふまえて、病院の満足度を高めるにはどうすればいいでしょうか？　待ち時間を減らすようにすればいいのでしょうか？

残念ながら、それは違います。というより、「待ち時間が問題である」なんてことは誰にでも分かることであり、少なくともプロである私のような立場の人間が出す結論ではありません。

確かにこの調査では、不満度が最も高かったのは待ち時間でした。けれど、より詳しく分析してみると、病院全体の満足度との間に、高い相関関係はなかったのです。簡単にいうと、待ち時間に対する不満度が高くなっても低くなっても、病院全体の満足度はあまり変わらないということが分かったのです。

そもそもこの調査は、病院全体の満足度を上げるための調査でした。そのためにどうしたらいいかを知るには「全体の満足度に最も影響を及ぼしている項目はどれか」を知ることが最優先事項なのです。つまり相関関係の高いものを知らなければいけないということです（ちなみにこの考え方は、他のいろいろな統計調査の時にも基本になる考え方です）。

さて、肝心の分析の結果はどうだったかといいますと、待ち時間の数字は確かにすべての病院で悪かった。でも全体の満足度に相関関係が高かったのは「医師の言葉づかい」や「医師や看護師に対する信頼度」であることが分かりました。つまり待ち時間を改善することに必死になるより、医師や看護師に対する教育に力を入れたほうがよほど患者さんの満足度は高まる、ということが分かったのです。どうです。ちょっと意外ではないですか？

これが「常識の罠」です。もしこの相関関係に気づかなければ、「全体の満足度を上げるには待ち時間を減らせばいい」と間違った結論を出してしまう可能性が大です。

常識は、時に数字から正しい情報を得ることを妨げてしまうことがあります。常識だからといって、常にそれを信じていては危険なのですね。

ちなみにさっき「相関」という言葉が出ましたが、統計学の世界では「因子分析」や「重回帰分析」といって、ある数字が動くのはどんな要因によるのかを見つけ出す方法があります。売上アップの要因が、店の大きさによるのか、駅からの距離によるのか……など、ビジネスにおいても有効な分析方法です。それらの相関関係を常識や先入観で決めるのではなく、具体的な「数値」によって統計的に見つけ出せるかどうかが鍵です。

けれど、こうした手法も、最初に仮説（相関関係が高いことが予想される調査項目）を立て、それが適切なものでないと、正しい結論は出てきません。ですので、適切な仮説を立てるためにも「常識を疑うこと」が必要なのです。

先ほどの病院の例もそうですが、常識にとらわれていると、仮説もそこから導き出した結論も、きわめて「常識的な」ものしか出てきません。そうなると、ピントがずれた経営方針をとってしまうかもしれません。注意が必要です。

第5の敵　統計

今紹介した「統計」ですが、実はこれも数字眼の邪魔をする敵となることがあります。数字を扱う上では、統計的な手法を使い、仮説を立て、それを検証することで客観性を確保することが大事です。でも、この統計も間違った使い方をすると、当然、間違った判断を導いてしまいます。

代表的な誤りは「平均値を見誤る」ことです。たとえば、企業経営者が会社の業績を見る場合に、平均値が全体としてよければそれでいいと考えがちですが、それは大間違いです。これも、テストの点で考えると分かりやすいので、また例によって、ミコト君のテストの結果（図2）を見てみましょう。

見たところ、ミコト君は典型的な文系人間のようです。それはともかく、これを計算すると、平均は80点。それだけ見ると、悪い数字ではありません。

それにしても、数学が50点しかとれていないのは、ちょっと問題ではないでしょう

図2　ミコトの前期期末テストの成績

国語	数学	化学	日本史	英語
95点	50点	70点	95点	90点

か？

平均だけ見ると、それで満足してしまったり、逆に悲観してしまったりしがちです。でもそれより大事なのは、数字を個別に見て具体化することなのです。そうしないと、現状も正しく把握できないし、その後の具体的な対策も立てられない。

このミコト君のテストの場合、すべての教科が80点ならまんべんなく勉強していけばいい。でもミコト君の場合は、数学をもっとちゃんとやったほうがいいということです。

第6の敵　名前

統計といえば、「名前」に騙《だま》されることも、よくあります。

たとえば、月曜日の日経新聞には「現金給与総額」という数字が出ていますが、この数字、何を意味していると思いますか？

そのまま考えれば、日本の給与の総額と判断してしまいそうです。でもこの数字は、1人当たりの給与の額を表しているのです。なのになぜ総額というのかというと、所定内給与と所定外給与（残業代等）に賞与等を加えているからなのです。つまり個人で見た場合の総額というわけです。紛《まぎ》らわしい名前ですね。

けれど、他にも似たようなものはたくさんあります。

前にも紹介しましたが、たとえば「売上原価」（どのような数字だったかは……覚えていますね？）。

これも名前だけ見たら、かなり騙されやすい数字です。名前だけ見て惑わされてはいけないのです。

「数字眼」の敵をまとめると次のようになります。

❶主観
❷見え方
❸思い込み
❹常識
❺統計
❻名前

Column 3

おもてなしNO.1 和倉温泉「加賀屋」!!

皆さんは、和倉温泉（石川県）にある「加賀屋」という旅館をご存じでしょうか？

旅行新聞新社が主催している「プロが選ぶ日本のホテル・旅館１００選」において、30年連続で総合部門日本一を獲得している、明治39（１９０６）年創業の老舗《しにせ》旅館です。

この名門旅館に、２０１０年３月に社員旅行でお邪魔してきました。ただ、私は加賀屋さんについて、それまで噂は聞いていましたが、正直言ってそれほど期待してはいませんでした。

というのは、私は仕事柄、日本各地を毎日のように旅行しています。また、年に４、５回は海外出張もありますので、これまでにいろいろな旅館やホテルに泊まってきています。そして、当社は東京と大阪で定期的にセミナーを開催していますが、大阪の会場はザ・リッツ・カールトン大阪をここ６年間くらい使っています。大小合わせて年に16回セミナーを開催しており、これまで１００回程度リッツ・カールトンをセミナーで使いました。私の宿泊回数も以前よりは減りましたが、それでも最低年５回ほどは今でもリッツ・カールトンに泊まっています。

当社はある意味リッツ・カールトンのへ

ビーユーザーで、「日本一」といわれるレベルをある程度は知っています。ですので、加賀屋さんに対しても、それほど過度な期待はしていなかったのです。しかし、それはいい意味で完全に裏切られました。

加賀屋さんに行く前に、当社のスタッフが「温泉に行くなら卓球だ！」と言いだしました。そこで幹事役の社員が加賀屋さんに問い合わせところ「あいにく加賀屋には卓球台がありません」ということでした。

そして当日。ちょっとがっかりしながら加賀屋さんまで行ったのですが、着くとすぐに、担当の仲居さんから「卓球台を用意しました」とのこと。

聞けば、2キロほど離れたところに姉妹旅館があり、そこの卓球台を持ってきてくれたというのです。おそらくトラックで運んでくれたのでしょう。卓球場ももちろんないので、大広間を金屏風で仕切って、「当社のための卓球場」をつくってくれたのです。

これはちょっと感動モノでしたが、「この程度ならリッツ・カールトンでもやるな」と、正直思いました。しかし私が本当に感動したのは、実はこのことではありませんでした。

翌朝6時半ごろ、大浴場に行って部屋に戻ると、担当の仲居さんから「お茶をお持ちします」と電話がありました。これはずっとお客様を見ていないとできないことです。

このサービスもすごいと思いましたが、何よりも驚いたのは、その時に日経新聞と読売新聞を何気なく持ってきてくれたのです。地元紙は朝から部屋に届けられていたのですが、それに加えて、2紙を持ってきてくれたのです。

私は普段から、日経新聞と読売新聞を読むのを日課としています。そのことをいくつかの本に書きましたが、ひょっとしたら、私たちが泊まる前に仲居さんは私の本を読んでいたのかもしれません。偶然かもしれませんが、これには感心しました。

お客様のことを深く知るということが「お客様第一」の根本ですが、とにかく恐れ入りました。サービスの安定感やこちらの安心感が、他の旅館やホテルとは格段に違うのです。

そして旅館を出る時も、また驚きました。玄関でおかみさんや男性の常務さんが見送ってくれたのですが、常務さんから「卓球台はどうでしたか?」と聞かれたのです。おかみさんからは、昨日の夕食の場で「仲居にお気遣いいいただき有難うございます」と言われました。仲居さんに渡したチップのこともすべてトップに伝わっているのです。コミュニケーションのよさに驚かされます。

そして、おかみさん以下、大勢のスタッフが、車が見えなくなるまで見送ってくれました。280室、宿泊者数700名を超える大旅館ですから、累計すると何時間もそうやって外で見送っていることになります。仕事に対する真摯《しんし》さと感謝の気持ちがないとできないことです。まったく、脱帽する思いでした。ビジネスの根幹である「お客様のことを、しっかり考える」ということを改めて思い直させてくれる体験でした。

和倉温泉「加賀屋」、1度足を運んでみてはいかがでしょうか。

教室 4

数字眼を鍛えるオキテ

私立
サザンクロス女学院
お母さん！
お母さん しっかりして！
…レイ… 私は大丈夫… 全然痛くないの…
ピッ
いやだ お母さん！ 目を閉じないで！
私を独りにしないで！
お母さんまで いなくなったら 私…
私…！
レイ…
大丈夫… レイ…
あなたは 独りじゃ ないから……
ピー
ICU

レイさん！
あら
わざわざ学校まで来たの？
お店で待ってればよかったのに
ええ まあ…
お店にいると管理人さんがいろいろお世話してくれるもので…
アラ～早いのね
ノドかわいてない？
ふるえちゃってカワイ～
ヒィィィ
それ…なんですか？
お母さんの形見よ
元は別の形のブローチだったんだけど壊れたからピアスにしたの
レイさんのお母さんてやっぱりその…たくましい感じの方だったんですか？
ん～。。
気が強かったかな
約束破ったから
お父さんを「捨てた」って言ってたし

それはそれは
大変な女傑…
あなたは?
僕の母も
今はいません
ああいう父だから…
一緒にいるのが
つらかったんでしょう
母が父と別れたのは
僕が幼い時でしたから
記憶は曖昧ですけど
母の面影は
覚えています
僕はやさしい
母が大好きで
僕はいつも母に
抱っこをせがんで
くっついていました
……
そう
そうだ…
昔は父もあんな
雰囲気じゃ
なかった
穏やかに
笑ってた気がする…
そうだ!
僕も母から
もらったものが
あったんだ
ゴッ
ちょっと僕には
子供っぽいから
カバンに
入れっぱなしで…
あれ
どこだっけ
ねぇ
はい?
今日の授業は
いつもより
長くなるわ
ええ?
カッ

あなたもだんだん「数字眼」に慣れてきたし
もっと進めてもいいかなと思って
あ…はい お手柔らかに
でも どうして急に?
ええ ちょっと…
時間があまりなさそうだから…
さて 今回から「数字眼」を実践的に鍛える方法を教えるわ
いよいよですね!
方法そのものはいろいろあるわ 統計学や会計を学ぶのもひとつの手
細かい手法まで言い出したらキリがないくらい
だからこの授業では私の経験から最も効果的だったオキテや習慣を絞って紹介するわね
お願いします!

「数字眼」を鍛えるオキテ

その1「大事な数字を覚える」

最初の授業ではGDPの数字を使っていろいろ推論してみたよね
はい
いっぱい殴られました
その時言ったようにそもそも基本となる重要な数字を知らないと推論も何もあったものじゃないわ
だから「数字眼」の基本として主な数字を覚えておくことがやっぱり大事なのよ
い…いっぱいあるんでしょうね大変なんだろうな…
アラ
そんなことないわよ

新聞やニュースを見ている中で自然に目や耳に入ってくる数字…
NEWS
おうちで…
仕事中に…
会社や仕事に関係ある数字…
それだけ覚えてれば十分よ数はそんなに多くないわ
本当ですか?
ホッ
本当よ!
たとえばこんな数字が重要ね!

・日本のGDP
・日本の人口
もう分かるよね？
・アメリカのGDP
・アメリカの人口
・世界全体のGDP
・世界全体の人口
これは常識かしら
・日本の一般会計予算
・日本の現在の財政赤字
新聞によく出るわ
・日本の労働人口
・日本の世帯数
・日本の未成年の数
・日本の高齢者の数
・昨年生まれた子供の数
これらを知るとゾッとするわ！
・自社の売上高
・自社の営業利益
・自社の社員数
・自社が属する業界の売上高
etc.
サラリーマンの基本よ！
がんばって覚えよう★
めちゃめちゃあるじゃないですか！
甘ったれえ
これくらい覚えなさい！
こんなもん日本の歴史の年号より少ないわよ！
新聞などで見かけた時にメモしておけばいいのよ
うそつきー。

この中から
主な数字を
見ていきましょう
まず
日本のGDPと
人口は？
GDPは約500兆円
人口が
約1億2800万人です
そうね！
そのふたつの数字から
いろいろ連想を
広げることが
できるわね
連想？
たとえば日本の人口を
ものすごくラフに
1億人とするわ
日本のGDP
500兆円
÷
日本の人口
1億人
国民1人当たり
GDPは500万円
そうすると
国民1人当たりの
GDPは500万円に
なるわよね
GDPというのは
付加価値の合計だったわね
前の復習よ
付加価値の
半分強が人件費で
その中には
福利厚生や退職金も
入るから
赤ちゃんまで含めた
国民1人当たりの
現金収入は…？
200万円…
くらい？
そう！
それで十分！

こんなふうにざっくりとした大きな数字を覚えていると
たとえば日本の中長期の財政赤字が900兆円だと言われた時にいろいろ考えることができるわ
GDPの1・8倍ですね……
日本人全員で給料なしで働いても2年‥
じゃあ国の一般会計の予算総額は?
約90兆円です
ということは財政赤字と比べると?
10倍……
国は今予算の10倍もの赤字を抱えているんですね
年収400万円の家庭が4000万円の借金抱えてるようなもんですか…
利息の支払いで手一杯で元本なんて減りゃしないわよ!

アメリカはどうなんですか?
GDP13兆ドル
人口約3億人
アメリカのＧＤＰは２０１０年現在、約14兆ドル日本の約3倍ね
人口は約3億人よ
世界全体のＧＤＰは約50兆ドル
この辺の数字は常に押さえておきたい数字ね!
世界のGDP
約50兆ドル
最近はアジア…特に中国の成長が目覚しいからここもチェックしましょう
これからはアジアあっての日本ですからね
ロ
中
韓
日
台
中国のＧＤＰは約5兆ドル
中国
日本
人口は約13億人よ
GDP約5兆ドル
人口約13億人
2010年現在
ここまでは大丈夫でしょ?
はい学校の勉強の延長ですから
そうね…でもこれからは数字を「ただの知識」にしちゃダメよ
「生きた情報」にしなきゃね
さあここからは学校の勉強じゃ分からないことよ
ゴクリ…

重要な数字を覚えておくというのは会社の数字においても同じよ
売上高はもちろん営業利益や社員数もとても重要なの
あなたはまだ学生だけど
たとえば梁山泊ホールディングスのこれらの数字はチェックしたことある？
……なないです……
ゴメンナサイ
あいーのいーのこれからで！
これらの情報は業界新聞やネットでもすぐ調べられるから
業界新聞っておもしろいのよ
不動産業界新聞
林業業界新聞
ブライダル産業新聞
出版業界新聞
自動車産業新聞
ただその時一緒にチェックしたいのが
いわゆる業界シェアね
その数字が「属する業界の中ではどれほどの割合を占めるのか？」
あるいは「業界の平均と比べてどうなのか」ということも考えないといけないわね
む……難しそうですね

そうでもないわ こういうことは自然と 考えることだから
ちょうど受験の 倍率とか 偏差値とか 似たようなものね
全国受験者数 ○○人中 ○○位 ○○点 平均点 ××点 判定△ 偏差値？
ドキ ドキ
A社
ナルホド
自分がどの辺に いるのか 気になりますもんね
でも できる ビジネスパーソンは もっとつっこんで 考えるの
たとえば 売上高や社員数と 業界の粗利率を 知ってれば 社員1人当たりの 付加価値額を 出すこともできるわ
できるビジネスマン
自社の売上高
自社の社員数
社員1人当たりの付加価値
ど……どう やるんですか?
そもそも付加価値は どうやって出した?
「売上高 −《マイナス》 仕入れ」 です
ヨロシイ
その付加価値を 社員数で割れば 1人当たりの 付加価値額が出せるわ
あ そうか!
ちなみに日本では 普通の中堅企業で 1人当たりの 年間付加価値額は 1000万円前後
大企業で 1500万円から 2000万円よ

中小企業でも1人最低600万円から700万円ないともたないと言われてるわ
1人当たり付加価値
60%はお給料
まぁ…
半分強が人件費としてお給料になってるわけですからね
サラリーマンなら自分がもらうお給料が気になるのは当たり前
だけど自分がそれ相応のパフォーマンスをあげているかどうかも考えなきゃね
逆に言えばお給料の倍を超えて会社を儲けさせることができれば自分のお給料も上がる可能性があるってこと
そう考えれば仕事をするのもより刺激的に感じられるんじゃないかしら
ついでだから言っておくけど
私のコンサルとしての経験からすると
会社の借入総額が年間の付加価値額を超えると会社の資金繰りがつらくなってくるわよ
そうなんですか?
それはスゴイ情報だ!
そうよ!付加価値額っていうのは企業の安定性という観点からもおおいに関係があるのよ

この他に ビジネスパーソンが 覚えておきたい 数字は…
もし小売業なら 「坪当たり売上高」 っていう数字を 知っていると便利ね
1坪
180cm
(タタミ2畳)
180cm
つ…… ツボ？
「坪」よ この場合 店舗の面積の ことを指すの
コンビニ
つまり お店の広さ当たり 売上高いくら ということですか？
そう
それがなぜ 便利なんですか？
たとえば
自分の店が 坪当たり10万円を 売り上げていても
アレ
ウチ
1坪当たり 10万円の 売上高
平均
1坪当たり 15万円が フツウ
同じ業界の 平均を調べてみたら 坪当たり15万円が 平均的だった
ということは 業界の標準に比べて 売上高が低いと いうわけですね
そう こういう数字を 比べることで 自分たちの パフォーマンスの高さや 位置が分かるわけ
これらの 偏差値みたいな 数字を知っておくと
それが 「基準」に なるのよ！

「基準」……
主な数字…つまり「基準」の数字を知ることによって自分の会社や他社ひいては日本の経営状態まで自然に見えてくる
これが「数字眼」の真骨頂よ！
う…うう〜ん…
ん？
いえ…詳しく知れば知るほど主な数字を覚えるのが大事だって分かるんですが
こんな大量の数字をちゃんと覚えていけるかなって…
ああ…大丈夫よコツがあるから
エッ
コツ？
こんなのダラダラ覚えてられないわよしかも逐一変化するし
私もそのコツがあるから覚えていけるんだから

そのコツって いったい…
さっきあんた 高齢者の数 答えられた?
え?
あ… いえ…
私は年に1回 ある特別な日に チェックするの
ありがたいことに その日には新聞にも ニュースにも 高齢者の数が ばっちり出るのよ
さて その日とは なんの日?
おこたえ どーぞ!
ピンポーン
泊ミコト
うえぇ?
や……山崎の 誕生日…
え…
え…
不正解
ブブー
わーん
答えは
敬老の日よ!
こどもの日には 新生児の数や 15歳以下の 未成年の数
5月5日
1月第2月曜日
成人の日には 新成人の数が ばっちり 出てくるの!
コラコラ

数字を覚える 最大の味方 それが
アニバーサリー・デイ！
あの…
ビジネスマン諸君 父の日 母の日 やってますか？
手始めにお嫁さんや彼女の誕生日はきちんとチェックしましょう！
女子はスルーされると根にもつよ
記念日なめちゃいけないヨ
蛇足だけど今の日本じゃクリスマスより母の日の方が経済効果が高いのよ！
………
父の日か… いつからやらなくなったっけ…
これ！
ボーっとしてちゃダメよ
ぺし☆
あっ… すいません
今日はこれで折り返しだからね
ええっ これで？
すす
NIKKA
今日はどんどん進むわよ！ ついてらっしゃい
は…はい！

3時間後
ふぃ～
やっと今日の復習終わった……
あと新聞読まないと
今日はホントに授業の内容多かったなぁ
なんであんなに進めたのかな
そういえば今日言われたっけ
梁山泊の数字か…
……
くい
くい
……!
松屋
梁山泊ホールディングスのあの数字……
ビクッ
え?
ガシッ
ぐい――ん
うわわわ――――?

なに？なに？
浮いてる浮いてる！
プラ～ン
か…管理人さん？
あんたの知り合いでしょ！あの黒メガネの男ども！
あんた…レイちゃんをどうしたの…！
えっ？
黒メガネ…それってどういうことです？
レイさんに何かあったんですか？
しらばっくれんじゃないわよ！
うわっ
さっき黒メガネのいかついのがいっぱい店に来て…
レイちゃんを車に押し込んでどっか連れてったのよ！

なん…
わっ
そんなバカな！山崎がそんなこと
本当よ！この目で見たんだから！
おい…今の話マジかよ
「女王」のレイちゃんが…？
ザワ ザワ
さらわれたって本当か？
何よそれ！どこの大企業の仕業なの？
マジかよ
ドョ ドョ
どーすんだよ レイちゃんがいないんじゃ俺やってけねーよ！
バカ 俺もだよ！
ドキーン
……
梁山泊のSPがレイさんを…
あの人が命じたんだ
ドキン
ドキン

父が命じたんだ
ドクン
僕を連れ戻すために
レイさんをさらったんだ！
ドクン
ガクッ
………!!!
取り戻してきます……
え？
レイさんはこの街に必要な人だ
僕が梁山泊へ行って…必ずここへレイさんを連れて帰ってきます…
ギリッ
許さない

許さない
僕はこんなやり方
絶対に認めない！
とにかく
空港へ……！
タク…
………
だっ
地下鉄
あ…
成長した
お待ちください
ぼっちゃま！
山崎！
キッ
今はさすがに
非常事態です
お乗りください！
あ…
ありがとう
ザク
ザク
ザク
……あいつ
確か……

梁山泊ミコト………
無事でいてください
レイさん
僕が必ず
助け出しますから！

ビジネスマンに必要なもうひとつの力、「発見」する力

マンガのほうもいよいよ佳境《かきょう》を迎えつつあります。さてここで気分転換に、ちょっと変わった「ものの見方」をご紹介したいと思います。

これまで本書の中で、数字を見る力のレクチャーを行ってきました。でも、ちょっと考えてみてください。数字に限らず、同じものを見ていても、同じことを聞いていても、人によって受け取り方はまったく違うと感じたことはありませんか？

事実、人によって見えている世界はまったく違います。鋭いといわれている人たちは、ひとつのことから受け取っている情報が全然違います。

それはなぜか。決して頭の善し悪しではありません。それは発見する力、つまり「発見力」の差なのです。観察力といってもいいかもしれません。そしてその力は、訓練によって伸ばすことができるのです。

皆さんはセブン‐イレブンを知っていますね。では、セブン‐イレブンのロゴはアルファベットでどう書かれているかご存じですか？

え？　そんなの簡単に分かるって？

実は私もそう思っていました。大部分の人が、こう考えるのではないかと思います。

7‐ELEVEN

一見、正しいですね。しかし、実はこれは不正解なのです。正しくは、こうです。

7‐ELEVEn

なんと、最後のエヌが小文字なのです。アメリカで商標登録の際に、単なる数字では商標として認められないからこうなったなんて説がありますが、なにぶん大昔のことなので、詳しい理由は謎に包まれているそうです。

それはともかく、セブン‐イレブンのロゴなんて、たびたび見ているようなものですが、この事実には意外と気づかないものです。私自身、知人から似たような話を聞き、そこから初めてこの事実に気がつきました。

このように、人は何万回見ても、見えないものは見えないのです。逆に、多くの人には見えないものが見えるようになれば、それは大きな力となるのです。発想力や想像力にもつながっていきます。

発見力が鋭ければ、まだ誰も気づいていないニーズを目ざとく見つけ出し、画期的な商品をつくることができるかもしれません。ビジネスにとっても非常に大事な力なのです。

ところで私は、このセブン‐イレブンの秘密に気がついて以降、急にコンビニのロゴや看板が気になりだしてしまいました。改めて見ると、ローソンの看板もファミリーマートの看板もそれぞれ味があって、個性的なんです。

ただのささやかな興味と思われるかもしれませんが、まさにこういう気持ちが発見力を養うことにつながるのです。

ひとたびコンビニの看板に「関心」をもてば、看板が目につくようになる。すると、細かい違いも感じられるようになる。数字眼を高めるには関心をもつことという話もしましたが、同じ理屈です。

関心をもてば、全体像なりなんなり、「何か」が見えてきます。少なくとも「見ようと」します。次に「何を見るべきか」ということも分かってきます。すべては関心をもつことから始まるのです。たとえば、恋愛だってそうですね。好きになった瞬間から、今まで気づかなかったその子のいろいろなことが目に入るようになってきて……。

ものが見えるようになる9個のアドバイス

恋愛の話はさておき、発見力を高めるためのアドバイスをいくつかさせていただきます。

要点を先に押さえる

分厚い教科書、大量の資料、膨大なネット情報……。何かを調べたりする時、立ちはだかる強敵です。資料を読んでいるだけで、あっという間に時間がすぎてしまうことにもなりかねません。

そういう時は、先に要点を押さえるのです。目次だけ見るとか、太字のところだけを見るとか……。先に要点を知っておくだけで、ものはずいぶん見やすくなるはずです。

分解する

問題を分解すると、物事は見えやすくなります。たとえば、あなたが会社の上司から「最近の服の流行を調べろ！」と言われたらどうしますか?

何か調べようにも、指示が漠然としすぎていて、苦戦しそうですね。

では、「最近の服の流行を調べるために、色だけ調べろ！」と言われたら?

これなら、具体的に動きだせそうです。観察対象が絞られるので、より深いことが発見できるようになるでしょう。見える力を高めたい場合は「特定の一部分を注意深く見るようにする」と、また見え方が変わってくるのです。

視点を変えてみる

何かに行き詰まったら、視点を変えてみることが助けになったりもします。ちなみに、考え方を変えてみるということではありません（もちろん、それも大事ですが）。具体的に見る位置・場所を変えてみるのです。たとえば円錐《えんすい》がありますね。これは横から見たら三角形をしています。しかし、真上から見たらどうでしょう？　円になります。まったく違いますね。他にも、背の高い人が見ている世界と、背の低い人が見ている世界では、おそらくまったく違うものになっているはずです。また、右利きの人が見ている世界と、左利きの人が見ている世界でも、おそらくまったく違うものになっているはず……など、様々な視点をもって見るようにしましょう。

先に予備知識を得る

分からないことや未知の問題に向かう時は、先に予備知識を少しもっておくことがコツです。

たとえば、美術館に行った時など、解説やガイドブックを事前に読んでおけば絵の見え方もずいぶん変わってくるでしょう。何を見るべきかが分かる、ということです。

予備知識がないまま絵を見ても「ああ、いい絵だったなあ」で終わってしまうかもしれません。それは、もったいないですよね。

情報を捨てる

次は捨てる技術です。たとえば、ものがゴチャゴチャして散らかった部屋と、すっきり整理された部屋……、どちらが部屋の汚れが見えやすいと思いますか？

もちろん、整理された部屋ですね。これは情報にも当てはまります。余分と思われる情報はどんどん取捨選択し、整理していくと、物事はどんどんクリアに見えていくものです。

変化を取り入れる

なんでも構いませんから、何かを「変化させる」こともよいでしょう。部屋の模様替えをする、新しい文房具を使ってみる、スマートフォンを試してみるなど……、小さなことでいいのです。それにより、今まで気づかなかった新しい発見が生まれることが多いのです。

変化のまったくない環境だと、人はどんどん鈍感になっていきます。何かが新しくなれば、古かったものとの比較もできます。これにより、また新たな気づきも生まれるのです。

メモする習慣をつける

発見とは発想とイコールになることもあります。しかし、いつどこで「発見の瞬間」があらわれるか分かりません。

せっかく生まれたひらめきを逃さないために、常にメモ帳を持ち歩き、細かくメモをとるとよいでしょう。手帳でもノートでも、なんでも構いません。メモを見直す中で、また新たに発見をすることも多いのです。一見関係のない事柄でも、意外な関連性に気づくこともあるのです。ちなみに私も毎日メモ帳を持ち歩いて、気になったものは数字に限らずメモすることにしています。

大勢で話す

打ち合わせなどで相手の方と1対1で話すことが多いのですが、発見ということで考えれば、それはあまりよいことではありません。

なぜかといいますと、考え方の数が少ないからです。

人は、それぞれ多様な価値観や考え方をもっています。視点も発想法も先入観もまるで違いますから、必然的に意見も異なります。そういった違う考え方同士をぶつけることで、1人の時では考えられなかった新しい発想が生まれやすくなるのです。1人より2人。2人より3人……。多すぎると意見がまとまらないことも多いですが、それだけ、新しいアイデアが生まれるチャンスがあるともいえるでしょう。

素直さを忘れない

最後のアドバイスは「素直さ」です。私はこれまで、数多くのことを申し上げてきました。しかし、いくら私が説明したところで、皆さんがそれを否定したり受け入れなかったりすれば、なんの意味もなくなります。そして、何も変わらないでしょう。

もちろん、「こだわり」は大事です。しかし頑固になってはいけません。頑固になってしまうと、考え方や行動も変えなくなる。自分が絶対に正しいと思いこんで、見えるものも見えなくなってしまう。これは実にもったいないことです。

他人のアドバイスを先入観なしでまずは素直に受け入れる。私生活においてもビジネスの場においても素直でいられれば、もっともっと成長できることでしょう!!

Column 4

低コスト温泉旅館の工夫

　前のコラムで、和倉温泉「加賀屋」のサービスのよさの話を書きましたが、今回は、その好対照にある低コストでのオペレーションを実現し、お客様に喜んでもらっている旅館のお話を紹介したいと思います。

　先日、ある企業の研修で栃木県の鬼怒川《きぬがわ》温泉の旅館に泊まりました。鬼怒川温泉もバブル崩壊後の長期的な景気低迷に加えて今回の世界同時不況で観光客が減り、中には破綻《はたん》してしまってそのまま廃墟のようになっている旅館もあります。

　そうした中、私たちが泊まった旅館は徹底した低コストの業務を行うことにより、大変繁盛していました。宿泊代は1泊2食つきで7000円前後と、とてもお手頃です。私たちが泊まった日も、高齢者を中心にほぼ満室でした。この旅館は、倒産したホテルなどを買い取って、チェーン展開しているそうです。

　私は経営コンサルタントという仕事柄、どうやって低コストを実現しているのかということに大変興味がありましたが、人を効率的に使って人件費を極力抑えていることが分かりました。まず、受付で驚いたのが、1人の女性の他に、警備員が鍵の受け渡しをしていたことです。1人何役もこなしているのです。

夕食の際にも工夫が見られます。すべての食べ物がすでに食堂の食卓に載せてあり、配膳の必要がないのです。鍋も具が既に鍋の中にセットされていて、そのまま火を点ければいいだけです。最後にご飯を持ってきてくれますが、お茶碗にふたをしてあり、少々時間がたっても冷めない工夫がしてあります。これなら、1人の担当者で、団体客の数部屋を同時に担当することができます。

夕食時間も、団体の時間が重ならないように、各団体の時間を30分ずつずらすことなどにより、人員の作業ができるだけ重ならないように工夫しています。

朝食はもちろんバイキングで、広い朝食会場を5、6人の従業員で賄《まかな》えるように工夫がしてあります。浴場の施設や温泉などもよく、この値段なら十分に満足できるつくりです。

また、都心からでも1人500円で、系列のバス会社により送迎してくれるということも、この旅館チェーンの魅力です。旅館によってはゲートボール場などを併設しているところもあるらしく、高齢者の団体にかなりの人気があるとのことです。バスは、帰途に系列のお土産屋さんに寄ることになっているそうです。高齢者の方は、ご近所に配るお土産を買いたいというニーズが強く、そこで客単価を上げて、収益性を高めているとのこと。

旅館業界全体が厳しい中でも、先にご紹介した「加賀屋」なども含めて、工夫や努力次第でビジネスチャンスはまだまだあるものですね。

教室 5
決算書を数字眼で読み解く

ゴォオオオン
RYOZANPAKU
カッ
カッ
お帰りなさいませミコト様
ガッ
……!
「地下闘技場」にて総帥がお待ちです
ガゴォン
ドォオン

レイさんを
自由にしてください
僕はまだあの人から
学ぶことがある…！
……戻ったか
「女王」に教えを
請うて何をしよう
というのだ？
………
それは…
…………
だったら他の人を
跡継ぎにすれば
いいじゃないか！
父を超えてやる
くらいの気概は
もちなさいよ！
僕は…
ググ
僕は！
梁山泊から
独立して
いつかあなたを
超えてみせる！

グハハハハッ
お前のような小僧がこの帝左衛門を超える？
面白いではないか！
お前のその覚悟見せてみろ！
お前が「女王」から学んだという「数字眼」
試させてもらおう！
その答え如何《いかん》では「女王」を自由にしてもよい
だがお前の「数字眼」が未熟なときは…
今の僕に十分な「数字眼」が身についているだろうか…
「女王」は返さぬ
そしてお前は梁山泊に戻り2度と私に逆らうな！
でもここで引くわけにいかない！
望むところだ！

「数字眼」とは
つまり
経済で飛び交う様々な数字を
普段の生活の中で
自分の中に落とし込むための
習慣づけのようなものだ
これが身につくと
いかに経済活動と
日常生活が密接に
関わっているかよく分かる
一流の
ビジネスパーソンに
なるためには
「数字眼」の強化が
欠かせない
「女王」の教えには
そのためのオキテが
あったはずだ
まず
ひとつ目は…
ひとつ目のオキテは
「大事な数字を
覚える」
!
では
ニヤッ
その他には
何がある?
……!
父さんは
「女王」の授業の
内容を知ってる…?

「数字眼」を鍛えるオキテ

その2「定点観測」

前日――
さあ折り返しよ
九院コンサル
「定点観測」とは「毎日」あるいは「毎週」同じ項目の数字を見続けるってことなの
この同じ項目の数字をチェックし続けるってことは本当に大事なことなの
ヘタな評論家の話なんか聞かなくても世の中の流れはつかめるようになるからね
何年も続けるってことですか？大変そうだなぁ
習慣にすればたいしたことないわ歯磨きと一緒よ
歯磨き…
キーになる数字をちょっとでいいの
「継続して見る」それで十分よ
……
さあどうした？
昨日ちょうどレイさんに教えてもらったところだ…
2つ目のオキテは「定点観測」だ

株をやっている人なら自分のもっている株価は毎日チェックするだろうし
出版社の人なら自分の会社の作った本の発行部数はいつも気にすると思う
○○工業 550−
△△ガラス 9
1530−
□○電エ
ほんの少しでいいから見るべき数字を決めて…
何カ月 何年とずっとその項目を見続けることで
その数字の動きや変化を自然につかむことができるようになるんだ
グハハハッ！
！
完全に「女王」の受け売りだな！学生のお前が株や企業の話などしても現実味がない！
それで「数字眼」が身についていると言うつもりか？
お前ならではの「定点観測」の例は出せんのか？
ぐっ…
………！

落ち着け
大丈夫だ……
たとえば……
僕が梁山泊を出たら
生活と勉強のためにきっとアルバイトを始めるだろう
手始めに近くのコンビニに勤めるとする
……
働きながら僕はそのコンビニの毎日の売上をチェックする
これも「定点観測」だ
Pi
売上は時間帯や曜日季節などで変化するけど
ムム
平均すると1日の売上は50万円だったと仮定する
コンビニ
100万
50万
月火水木金土日
その中である日は100万円売り上げればずいぶん儲けたと思うし
またある日の売上が25万円ならとても不調だと思うだろう
○月○日の売上高100万円
オースゴイ
X月X日の売上高25万円
アレー
このように生活の中でも自然と自分の中で基準を作ることができる
これが「数字眼」を鍛えるんだ

……だが その程度なら 誰でも…
そこで次に僕は「もし自分がこのコンビニを運営する立場なら」と考える
すでに僕の中にコンビニの1日の平均的売上が50万円だという「基準」がある
それを軸として毎日の各店舗の売上データを集計しそれぞれの店の今後の予測を立てたり
朝に弁当が出る
今年の冬は寒くなる
この店は工場が近い
ドリンク
カサを多め
若者向けにホットスナック多く
この店は立地が不利
女性向け化粧品で客単価
この時期にしては売上がいいとか悪いとかの判断をして仕入れの調整をしたりするだろう
これは「定点観測」をしているからこそ判断できることだ
………
……なるほど
だがそれは仮の話だ
今実践できる「数字眼」を鍛えるための訓練などはないのか?
ある……
難しいことじゃない…
僕も昨日レイさんに同じ質問をした

そうね…
日経新聞の月曜日に出る景気指標欄の数字をいくつかチェックする
最初はマーカーで印をつけるといいわよ
そのチェックした項目に関する記事が出ていたら必ず読むといいわ
きょうのコトバ
あとあなたは高校生だからあまり興味がないかもだけど
え？体重ですか？
体重を毎日量って記録をつけるといいのよ
毎日決まった時間に体重を量って比べるの
1年前と比べて増えたり減ったりしていたら原因を考えるのよ
3
4
51.6
51.8
52.5
19
20
51.8
51.4
「数字眼」を鍛えるということは〈常に数字を見ている〉ということ
それに変化が表れたら「原因を考え」「基準を作り」「仮説を立てる」その繰り返しで力がつくんだ

「数字眼」を鍛えるオキテ
その3「部分から全体を推測する」
「定点観測」によって自分の中に基準をもつことができるようになれば…
そこから1歩進んで「ある部分の数字から全体や別の事象を推測する」こともできる
………
たとえば新聞の株式市況
ここの数字をずっと見ていれば一部の企業の業績から…
その業界全体の景気の先行きを予測することもできるだろう
「これ」を見ていれば日本の景気の動向が分かるという数字をひとつ挙げてみろ!
ドンッ
「定点観測」の応用だなでは……
ハッ

この質問の答えは…
！
…それは…
〈小金井カントリー倶楽部〉の会員権相場だ
！
そこまで知っているのか…
小金井カントリー倶楽部
東京都小金井市にある昭和12（1937）年に設立された会員制の名門ゴルフ場
こんな答え昨日レイさんから教えてもらわなければ出なかった
昨日の授業はまるで今日こうなることを予測してたかのようだ
……
そもそも株式は景気が悪いときは政府が介入してしまうこともあるから純粋に景気の動向を表してるとは言いにくい
景気が悪いぞ日銀
政府
日銀
じゃあ金融緩和で
円安とか株価UP

けれど日本で最も高いといわれている小金井カントリー倶楽部の会員権なら　政府の影響が及ぶことはない
つまりこの相場が世の中に余っているお金の勢いを純粋に表しているんだ
ここは東京のド真ん中ってこと忘れるねぇ
後ですきやき定食食べていきましょう
会員は男性限定。カートなし
バブルのピーク時には4億円を超えた会員権は2000年前後に4000万円まで落ち込んだ
その後2007年くらいに約1億円まで戻したけど金融危機後の2010年には再び5000万円台まで下がっている
小金井カントリー会員権の相場
4億
1億
5,000万
1989
2007
2010
なるほど「余ったカネの行き先」の数字で日本の景気の勢いを推測するのか
もちろんこれは仮説に過ぎない
だけどこうして「部分の数字から全体を推測」し仮説を立ててその正しさを検証することを繰り返していけば
推測の精度も増していく
他に日常的にできる推測の訓練はあるのか？

たとえば…
・企業の従業員数から売上高を推測する
・レストランに入った時その時の情景や雰囲気などでその店の経営状態を予測してみる
・新聞を見て1カ月後の為替相場を仮説を立てて予測する
いずれも「推測して仮説を立てる」ことが重要だ
フン！
まあまあだな…
勢いで私のもとを飛び出しただけかと思っていたが…
多少は地道な努力をしたようだな
じゃあレイさんは…
ではオキテその4だ
「数字眼」を鍛えるオキテその4を答えろ！
え？

そんなばかな！
レイさんに教わったのはここまで
僕はこれ以上知らない……！
くっ……
どうした
答えは出ないのか？
お前の実力はここまで……
そういうことだな！
カッ
カッ
「数字眼」を鍛えるオキテその4
それは「数字を関連づける」よ
……！
レ……

レイさん！
ご無事ですか？
ギッ
僕はあなたを見損なった
梁山泊帝左衛門！
僕を連れ戻したいなら僕をさらえばいい！
なのに無関係のレイさんを巻き込んでまで僕を連れ戻そうなんてやり方が汚すぎる！
ピクッ
何の話だ？
……
私はお前を呼び戻した覚えはない
それにレイが「無関係」とはどういうことだ？
なっ…何を言ってるんだ！
ミコト君

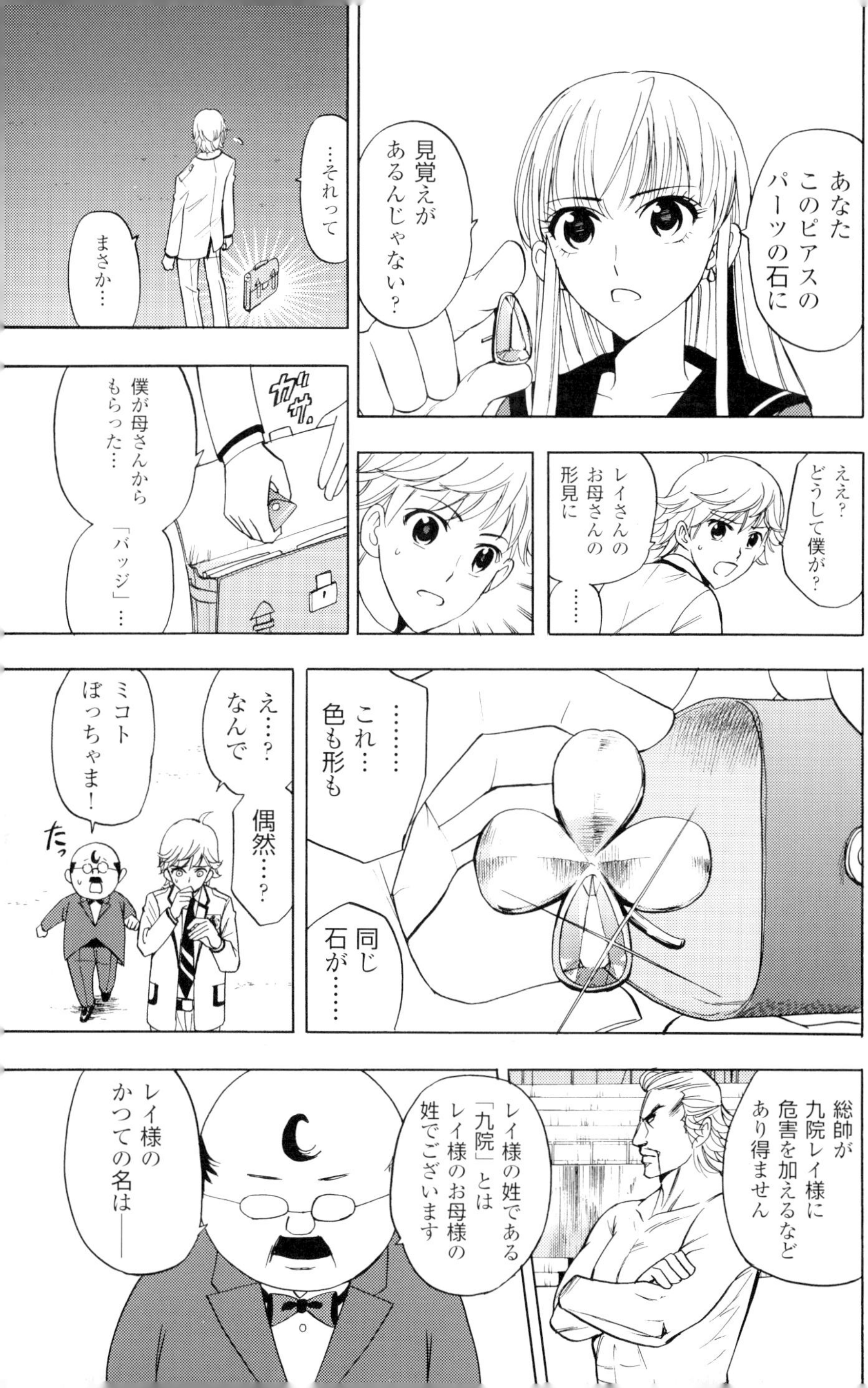
あなた
このピアスの
パーツの石に
見覚えが
あるんじゃない？
…それって
まさか…
ええ？
どうして僕が？
レイさんの
お母さんの
形見に
……
ガサ
僕が母さんから
もらった…
「バッジ」…
………
これ…
色も形も
同じ
石が……
え…？
なんで
偶然…？
ミコト
ぼっちゃま！
たっ
総師が
九院レイ様に
危害を加えるなど
あり得ません
レイ様の姓である
「九院」とは
レイ様のお母様の
姓でございます
レイ様の
かつての名は——

「梁山泊レイ」
ぼっちゃまの実のお姉さまでございます
な――……
え…
ギュッ
そんな
だ…だって
レイさん一言もそんな……
あ……
歳が2コしか違わないのに堅苦しいじゃない
レイでいいわ！
そういえば
レイさんに僕の歳って話したっけ？

そうか…
僕の歳を
知ってたのも
母さんのことを
話してくれたのも
僕が…
レイさんの弟だから…
……っ
ポロッ
………
……っ
……レ
レイさん…
ん？
僕が弟だったから…
力を貸して
くれたんですか？
違うわ
あなたに志《こころざし》を
感じたからよ
さぁ
しっかりしなさい
帝左衛門を
超えるんでしょ

私を超えるか…
それもいいかもしれん
え？
ほ…本当に？
ミコト…お前の覚悟はできているようだ
お前が望むなら梁山泊から出るのもよかろう
じゃあ…僕は梁山泊を継がなくても…
だがその代わり
レイには梁山泊を継いでもらう
な…
なんだって？
そんなのダメだ！
レイさんはスス鬼野に必要な人なんだ
お前は黙っていろ！

そもそも今回のことは
お前の代わりに
レイを呼び戻した
だけのことだ
お前は梁山泊を
出る覚悟を
決めたのだろう！
もうお前には
私の意見に口出しする
権利はない！
そんな…
なんだよ
それ…っ
それじゃ
なんにも
変わらないじゃ
ないか…！
ヨロッ
なんで！
なんでだよ
どうして僕らを
梁山泊に
縛りつけるんだ！
どうして…！
ザザッ
シャッ
お前は
どうなんだ
レイ
……

私が戻ったらどうなるの？
レイさん！まさか……！
お前にしかるべき経営者としての教育を受けさせ…
数年のうちに梁山泊の新しい総帥として迎え入れる
ふうん…
それなら
1年につき5億円ほどもらおうかしら
何？

忘れたの？私は「女王」よ
私が志ありと認めない企業からは法外な報酬をいただくことにしているわ
レイさん！
ふざけるな！お前のような小娘にそのような価値があるとでも言うつもりか！
山崎さん！
じゃあ試してみればいいじゃない
はっ！
昨日頼まれておりました梁山泊の決算書を手に入れてございます
さっ
山崎！貴様…
申し訳ございません総帥
…く…！
ありがとう山崎さん
しかし私はお2人の味方でございます
今は亡き奥様にしかと任されておりますゆえ
さあ
どうするの？

私がこの決算書を「数字眼」で読み取ったら5億円で総帥に迎える
もしくは私とミコトを自由にしなさい
ならばもし「女王」として私が満足いく結論が出せなければ
梁山泊へ戻り跡を継げ！
…いいわ
レイさんそんな！
ならば九院レイ！「女王」
決算書を読んでみせろ！

梁山泊ホールディングス　連結貸借対照表

（単位：億円）

科目（資産の部）	前年	一昨年	対前年増減額
流動資産	**7,984**	**7,218**	**766**
現金預金	248	496	▲248
受取手形・売掛金	3,248	2,738	510
有価証券	33	13	20
棚卸資産	3,639	3,180	459
繰延税金資産	388	376	12
その他の流動資産	428	415	13
固定資産	**6,879**	**6,543**	**336**
有形固定資産	5,652	5,325	327
無形固定資産	214	223	▲9
投資有価証券	463	483	▲20
長期貸付金	31	21	10
繰延税金資産	188	195	▲7
投資その他の資産	331	296	35
繰延資産	—	**609**	**▲609**
資産合計	**14,863**	**14,370**	**493**

科目（負債の部）	前年	一昨年	対前年増減額
流動負債	**6,852**	**6,057**	**795**
営業未払金	2,973	2,734	239
短期借入金	2,412	2,156	256
未払法人税等	1,226	1,052	174
その他の流動負債	241	115	126
固定負債	**5,086**	**5,503**	**▲417**
社債	1,000	1,000	−
長期借入金	3,076	3,466	▲390
繰延税金負債	432	511	▲79
その他の固定負債	578	526	52
負債合計	**11,938**	**11,560**	**378**
科目（純資産の部）	**前年**	**一昨年**	**対前年増減額**
資本金	655	655	−
資本剰余金	555	555	−
利益剰余金	1,663	1,555	108
少数株主持分	52	45	7
純資産合計	**2,925**	**2,810**	**115**
負債純資産合計	**14,863**	**14,370**	**493**

梁山泊ホールディングス　連結損益計算書

（単位：億円）

科目	前年	一昨年	対前年増減率
売上高	12,562	11,314	11%
売上原価	9,250	8,448	
売上総利益	3,312	2,866	16%
販売費及び一般管理費	2,300	1,818	27%
営業利益	1,012	1,048	▲3%
営業外収益	78	89	
営業外費用	180	120	
経常利益	910	1,017	▲11%
特別利益	88	98	
特別損失	164	143	
税金等調整前当期純利益	834	972	▲14%
法人税、住民税及び事業税	239	329	
法人税等調整額	11	▲24	
少数株主利益	29	43	
当期純利益	555	624	▲11%

レイさん ダメですよ！ 戻るなんて
あなたは皆に頼りにされてるんだ
何もできない僕とは違う…！
私はあんたをかばうつもりはないわ
「女王」として自信があるから勝負に出ただけよ
で でも…
あんた…
自分のこと分かってないのね
え？
ちょうどここに材料があることだし
実践を見せてあげる
「数字眼」を鍛えるオキテその4よ
「数字眼」を鍛えるオキテ
その4「数字を関連づける」
貸借対照表と損益計算書は知ってる？
一応… 項目の意味くらいしか知らないですけど
じゃあその実践的な数字の読み方を教えてあげる
見なさい
こういう書類は全部を漠然と見てはダメ 分からなくなるから
まず注目すべき項目に絞って見るのよ

深山泊の損益計算書の重要項目
連結損益計算書
対前年増減
・売上高11％増
・営業利益3％減
・当期純利益11％減
最初に損益計算書よ
売上高は伸びているけど営業利益も当期純利益も落としているわね
どうしてです？いっぱい商品が売れたから売上高が伸びたんでしょう？
なぜ儲けが減ってしまったんですか？
純粋でいい質問だわ
じゃあその謎解きをしましょう
売上高の伸びを見たら今度はここを見るの
貸借対照表
資産合計
貸借対照表の資産の部のところよ
損益計算書じゃなくて？
コレ…
両方同時に使うのよ
ポイントは売上高の伸びに対して資産はどれほど増えているか
資産の有効活用ができているかを見るの
それを表す指標が「資産回転率」
売上高÷資産で出るわ
資産回転率
売上高÷資産
「資産回転率」は少ない資産でどれだけ多くの売上高を出せているかを表すのよ

この数字が大きいほど優秀といえるわ
燃費のいい企業デス
少ない資産で大きい売上高
さあ出してみて
梁山泊は一昨年が
一昨年
11,314億 / 14,370億
で
0・79で前年が
前年
12,562億 / 14,863億
で
0・85
計算アプリは使ってもよい
1年で0・06上がっています
経営は順調にいっているということね
資産についてもう少し詳しく見ていきましょう
資産の伸びを見るわ
総資産増加率は〈前年の資産合計÷一昨年の資産合計−《マイナス》1〉よ
総資産増加率
前年 14,863億 / 14,370億 一昨年 −1＝0.03
すなわち3パーセントの伸びね
これに対し損益計算書の売上高の伸び率は〈前年の売上高÷一昨年の売上高−《マイナス》1〉
売上高の伸び率
前年 12,562億 / 11,314億 一昨年 −1＝0.11
11パーセントの伸びねこれは優秀な数字よ

どういうことですか？
総資産
3％増
売上高
11％増
ぐーん
コレ…
資産の伸びに対して売上高の伸びが大きいでしょう？
資産の活用度合いがよくなっているということよ
さすが帝左衛門…
だけどこの表からは失策も見て取れるわ
ほう？
フン
損益計算書から「売上原価率」を見るわ
売上高に占める売上原価の割合よ
売上原価
？％
売上高
つまり売上高にかかる製造コストの割合ね
一昨年
8,448億 / 11,314億 = 0.75
前年
9,250億 / 12,562億 = 0.74
売上原価率は1パーセント削減これはいいわ
だけど販売費及び一般管理費が一昨年より
販管費
2,300億 / 1,818億
=1.27
27％増
27パーセント増…
結果として営業利益が3パーセントのマイナスになっている
…………

もうひとつ重要なのが貸借対照表の資産の部のこの数字
受取手形・売掛金が19パーセント増
棚卸資産が14パーセント増と大幅に増加している
資産が増えることは悪いことではないでしょう？
ちょっと意味が違うの
売掛金は商品は売ったけどまだ現金として返ってきてないお金
回収に何ヶ月もかかるわ…
そして…
棚卸資産というのはずばり在庫のことよ
えっ？
さあここから本題よ
今出てきた「数字を関連づけ」て「ストーリー」を作っていきましょう
まずひとつめの仮説として
「売上高を伸ばすために期末に大量の掛販売を行ったから売掛金が増加した」
期末
梁山泊
支払いは後でいいのでとりあえず買って下さい
ワー

そして「在庫の伸びから見て売上自体が当初の計画より伸びなかった」という仮説がひとつ
では
「なぜ当初の計画が高めに設定されていたのか?」
生産を増やせば商品ひとつ当たりの生産コストは下がるから
価格がそのままなら利益率が上がるのはどの商品も同じよね
大量生産すると…
・仕入れコストがダウン
・製造に関わる固定費が個々の製品に分散する
商品ひとつ当たり製造コストが下がる
そこで帝左衛門は売上原価削減のために生産量を増やし比較的低価格な商品を大量に増やした
だけどその時金融危機を発端にした恐慌が響いた
思いのほか長引く恐慌の影響で低価格の商品も試算ほど売れなかった…!

それがこの在庫急増に繋がったと推測するわ
これが決算書から読み取れる私の推測よ
……
ス…
……見事だ
「女王」!
約束は約束だ
お前たちは梁山泊を…
エッ
ちょっと待ってください!
ミコト君?
くぃ
僕は昨日レイさんに言われて梁山泊の数字を見てみたんです
そしたらモデルルームなどの販売拠点が急増していました
モデルルーム
新築マンション
モデルルーム
大量に生産した商品を売るためだと思います
モデルルーム
モデルルーム
新築マンション
モデルルーム

広告宣伝費にも
相当費用をかけていると
思われますが
それに対し社員数は
ほぼ変わっていない
つまり…
広がり続ける
販売網に対し
売り込みをするべき
社員は少ないまま…
結果
在庫がさばききれず
不良在庫が
増加してしまった
その処理のために
費用がかさみ
結果、利益の押し下げに
つながってしまったとは
考えられませんか……？

ミコト…
やはりお前は…
……お驚いたわね…
帝左衛門――!
なんだあいつは!
あ…あの人は!
自分の工場が梁山泊から取引を切られたって言ってた…!
お前の息子についてきたおかげでこんな所にまで入り込めたよ…
ハハハハハ……

お前のおかげで工場はボロボロだ
家族もバラバラだ
俺には失うものなんか何もねえんだよ
ダッ
いかん！
ガチャッ
死ねえええ
RYOZANPAKU

常に数字で考えよう

最後に初心に帰り、「数字眼を身につける基本となる習慣」について説明します。これが、「数字眼」を鍛える最後のオキテです。さてそれはなんでしょうか……？実は、これは決して難しいことではありません。答えは、

「常に数字で考える習慣」

これをもつことです。これが自らの「数字眼」を高め、結果を出す力を高める一番の方法なのです。

私が顧問を務めるある会社の役員会で、こういうことがありました。1人の部長が、ある案件でとある優良企業と提携できたという報告をしたのです。それを聞いて、皆とても喜びました。しかしそこで、社外取締役として出席していた一部上場企

業の元社長が、こう尋ねました。

「それで、結局いくら儲かるんです？」

と。そしたら部長は「いや、年間数百万円です」と答えました。この企業にとってはたいした金額ではなかったのです。結局、その場は一気に白けてしまいました。けれど、元社長の社外取締役が尋ねたのはもっともなことです。企業にとってはいくら儲かるかがとても大事なのですから。

つまり数字というのは最終的には「詰め」ということができます。皆さんの周りにいる「仕事のできる人」は最終的には数字に落としこめる人ではありませんか？　できる人は、常に数字に落としこみますし、努力賞で終わろうとはしません。

数字に落としこむと、

●目標まであといくら足りないかが分かる。

●何をやらなければいけないかが分かる。
●どれくらいの時間がかかるかが分かる。

つまり、具体的な道筋や内容が分かるようになります。そして、そこから具体的な対策が打てるのです。この「具体的」ということがとても大事なのですね。

そうしたことから、目標は必ず「メジャラブル」でなければなりません。「メジャラブル」なんてかっこいい言い方ですが、要は「測定可能」ということです。もちろん、「数字で測定可能」という意味ですよ。

というわけで繰り返しになりますが、「数字眼」を身につける基本中の基本は、まず、

日頃から数字に落としこむ癖をつけること

です。会議や商談はいうまでもなく、日常の会話でも、

「高い」
「安い」
「良い」
「悪い」
「多い」
「少ない」
「すごく」
「たくさん」
「そのうち」
「やばい」

などの言葉が出たら、注意しなくてはいけません。どうです？　日常でよく耳にする言葉ではありませんか？

こういう時はすぐに、「それは具体的にいくらか」「何人中何人か」「実数ではいくつなのか」というふうに考えなくてはいけません。自分に対しても、曖昧な言葉を考えたら「具体的にはいくつなのか」と自分に問いかけてみましょう。曖昧な言葉は曖昧な思考しか生みません。すべてをいつも数字と結びつけて考える思考パターンをもてば、思考がどんどん具体化されていきます。

実際、具体的に数字に落としこむことなく、いつも漠然とした話し方をする人で、仕事のできる人を見たことがありません。帝左衛門も、いつも具体的に数字を使って社員に指示を出しています。数字が他人には信頼感を呼び、自分には具体化力ひいては目標達成力を高めるのですね。

ただし、ここでもうひとつ注意。それは、

とにかく数字にすればいいのではない

ということです。実態や実感とかけ離れた数字を言う人……周りにいませんか？こういう人は、逆に信頼をなくしますね。たとえば、ここ10年ずっと売上高が1億円だった部門で、特に新しい戦略をとることもなく、来年は10億円を目標にしますといっても、それはただの絵空事としか思われないでしょう。いくら人の好《よ》い私でも、そんな話は信用しません。

数字、それも「実績に合った数字」「根拠を伴う数字」を使って話ができるか、思考ができるかが重要なのです。

常に数字で考える癖を身につけるための訓練法を、以下にまとめてみました。

数字で考える癖を身につけるための訓練法

- 「高い」「安い」「良い」「悪い」などの曖昧な表現が出たら、すぐに「それは具体的にいくら？」など、具体的な数値を考える。
- マンションを見たら、具体的に階数を考えてみる。
- 給料日には、自分の預金残高を確認する。
- 目標は必ず数字で言う。

この数字だけは知っておこう!!

ここからは、マンガの中でも説明しました「絶対に覚えておいたほうがよい数字」を具体的に解説していきます。少し数が多いですが、あせらずゆっくり覚えてください。

何度も見たり、気にかけていると自然と覚えます。

【マクロ経済の数字】

❶ＧＤＰ（国内総生産）

一定の期間内にある地域で作り出された付加価値の合計。ＧＤＰの伸び率が経済成長ということもできる。「名目ＧＤＰ」は実額、「実質ＧＤＰ」はインフレやデフレを調整したあとのもの。

❷日銀短観業況判断

いわゆる「日銀短観」。日本銀行が四半期に1度、企業に対してアンケート調査を行い、その結果を集計・分析して発表する。様々な企業に対して、業況、状況、設備投資、雇用などの実績と見通しを調査する。景気動向を把握する上で重要な指標。

❸景気動向指数

内閣府が発表する、景気に関する総合的な指標。景気を先取りして動く「先行指数」、景気と並行して動く「一致指数」、景気に遅れて動く「遅行指数」の3つの指数がある。10個程度の指標から算出された指数を検討することで、景気動向を判断する。

❹現金給与総額

所定内給与と所定外給与（残業代等）に賞与等を加えたもの。退職金は含まれない。

❺有効求人倍率
求人数を求職者数で割ったもの。求職者1人当たりに何件の求人があるかが分かる。

❻M3
マネーサプライの代表指数。マネーサプライとは経済全体に供給されている通貨（現金通貨と預貯金）の総量のこと。経済活動が活発な時には増加率が上がる。

❼マネタリーベース
現金通貨と日銀当座預金残高を合計したもの。日銀はマネーサプライを直接動かすことはできない。なので、このマネタリーベースを調整することでマネーサプライも調整する。

❽国内企業物価指数
企業間で取引される商品の価格に焦点を当てた物価指数。需要動向を敏感に反映す

る企業間取引の価格変動を表している。国内市場向けの国内生産品の取引価格を調査対象に、日本銀行が毎月発表する統計。

❾外貨準備高

国が保有している外貨の量。借金の返済や輸入代金の決済など対外支払いに充てるために保有している。なお、企業や個人が保有している分は含まれない。

❿国際収支

一定期間における海外との取引の収支についての記録。

【ミクロ経済の数字】

❶資産・負債・純資産

資産は企業が保有する財産。その財産を調達するための資金調達源が負債と純資産。

負債は返済義務があるが、純資産は原則として返済義務がない安定した資金調達源。

❷売上原価・製造原価

売上原価は仕入れや製造したもののうち販売したものの原価。製造したもののコストが製造原価。

❸棚卸資産

在庫のこと。主に原材料、仕掛品、製品の3種類がある。仕入れたものや製造したものは、一旦すべて棚卸資産となる。

❹減価償却

建物や機械のように長期にわたって使用する資産を、その使用期間にわたって費用化する考え方。たとえば10年間使用できる機械を1億円で購入した場合、毎年1000万円ずつ減価償却費として計算する。かつ、機械の資産価値を1000万円ずつ減額していく。なお、土地は使っても価値が減少しないので減価償却の対象外。

❺売掛金と買掛金

売掛金は、売ったけれどもまだ代金を回収していない状態の債権。

買掛金は、買ったけれどもまだ代金を支払っていない状態の債務。

❻売上総利益・営業利益・経常利益

売上総利益は、売上高から売上原価を差し引いたもの。

営業利益は、売上総利益から販売費および一般管理費を差し引いたもので、企業の通常の活動での収益力を表す。

経常利益は、営業利益から金利などの営業外収益を加え、営業外費用を差し引いたもの。有利子負債が多い企業では、営業利益が黒字でも経常利益が赤字になる場合がある。

❼営業キャッシュフロー・フリーキャッシュフロー

営業キャッシュフローとは企業が営業活動で稼ぐ（失う）キャッシュフローのこ

と。営業キャッシュフローは長期的に見てプラスでなければ企業の存続は危険である。

フリーキャッシュフローは営業キャッシュフローのうち、企業が自由に使えるキャッシュフローのこと。「営業キャッシュフロー－《マイナス》投資キャッシュフロー」で計算することもある。

❽利益とキャッシュフロー

利益とキャッシュフローは違うことがあり、利益が出ていてもキャッシュフローが不足して倒産する「黒字倒産」というものもある。この理由は、売掛金や在庫の増加により、数字の上では利益が上がっているが、実際にはキャッシュフローがマイナスとなっていることなどが挙げられる。

❾財務会計・管理会計

財務会計は、企業が外部の関係者のために開示するための会計。

管理会計は、企業内部の経営上の諸指標を作るための会計。組織内部で使用される機密情報として扱われることが多い。

❿時価会計

一部の資産を、期末時点の簿価を時価に書き換えて再評価する会計手法。期末時点における企業の財政状態を正確にはかることができる。

最後に、これまで学んできた「数字眼」を鍛えるオキテをまとめてみましょう。

「数字眼」の養成法のまとめ

❶大事な数字を覚える
❷定点観測
❸部分から全体を推測する
❹数字を関連づける
❺常に数字で考える習慣をもつ

これであなたも、「数字眼」の達人です！

Column 5

新聞の数字に注目しよう

ここからは、これまでの内容に加えて、さらに数字に対する力を伸ばす方法をご紹介します。

近年、電子化の波が激しいですが、私は新聞は情報を得る上でとても役立つツールであると思っています。ここでは、新聞の読み方についてのちょっとした「コツ」をお教えします。

新聞は、とても面白いメディアです。ただ情報が集まるだけでなく、物事を検討するためのアウトプットの練習にもなります。また、人間は基本的に「理解したい」という欲求をもっていますが、その欲求をうまくくすぐってくれるところも、私は好きです。

政治、経済、社会、文化……世の中のあらゆる動きが解説され、ことの発端から経緯までを詳しく説明してくれています。ですから読者は読んでいるだけで、なんとなくでも分かった気になれます。

けれど、実は肝心なのはそこから先なのです。いくら知識をたくさん得ても、それを使えなければ宝の持ち腐れです。つまり「手に入れた知識をどう活かすか?」ということが重要になるわけです。

では、具体的にどうすればいいのでしょ

うか?

たとえば、今の日本はデフレだといわれています。しかし、デフレには「よいデフレ」と「悪いデフレ」があるのです。ご存じでしたか?

デフレには2種類あることを知らず、ただ「今はデフレだ。だからなんとかしなければ!」と叫んでみても、よい対策がとれるとは思えません。メディアに踊らされることなく、自分で正しく情報を判断することが、まずは先決です。

そのためにはどうすればいいかというと……お待ちかね、新聞の出番です。私は特に日本経済新聞をおすすめします。きちんと読みこみさえすれば、大事な情報はほとんどすべて日経新聞から手に入るといっても過言ではないからです。

月曜日の日経新聞の朝刊には、景気指標欄があります。私は数十年間、この欄を欠かさずチェックしています。では、デフレ問題を例にとって新聞を読みこんでみましょう。

この景気指標欄には「消費者物価指数」というのがあります。消費者物価指数は全国の世帯が購入する様々な商品価格の平均的な変動を表した数値です。この数字がずっと下降していくことを、デフレーション、すなわち「デフレ」と呼びます。

たとえば図3の2009年8月を見てください。前年比マイナス2・4%。なかなか大きなマイナスの数字です。この時、多くの人が戦後最大のデフレだと騒いでいましたが、私はそれほど悲観はしていませんでした。なぜなら、この時は「よいデフ

図３　消費者物価指数と輸入物価指数

（%）

	消費者物価指数			輸入物価指数
	全国	前月比	前年比	前年比
2009年４月	100.7	0	▲0.1	▲24.9
2009年５月	100.5	▲0.2	▲1.1	▲29.7
2009年６月	100.3	▲0.2	▲1.7	▲32.8
2009年７月	100.1	▲0.2	▲2.2	▲33.7
2009年８月	100.1	0	▲2.4	▲34.7
2009年９月	100.2	0.1	▲2.3	▲31.4
2009年10月	100.1	▲0.1	▲2.2	▲23.2
2009年11月	99.9	▲0.2	▲1.7	▲11.5
2009年12月	99.8	▲0.1	▲1.3	3.8
2010年１月	99.2	▲0.6	▲1.3	10.7
2010年２月	99.2	0	▲1.2	8
2010年３月	—	—	—	4.4

参考：2010年４月26日付　日本経済新聞朝刊

レ」と「悪いデフレ」の両方があったからです。

まず、「よいデフレ」について説明しましょう。たとえば、毎日150円のお茶を買っている、月々の給料が一定のサラリーマンがいたとします。もしお茶の値段が130円に値下がりしたらどうでしょう。もらう給料は変わらないのに品物の値段だけ下がれば、この方はラッキーですね。これが「よいデフレ」です。

では「よいデフレ」はどのような時に起こるのでしょうか。月曜日の日経新聞の「消費者物価指数」の隣には「輸入物価指数」というものがあります。この数字は輸入商品が日本に入ってきた時の価格を調査したものです。簡単にいうと、この輸入物価指数が下落するのが「よいデフレ」なのです。

なぜなら、輸入した物の値段が下がって日本全体の稼ぎが変わらなかったら、それはラッキーです。先ほどのサラリーマンの例のように、売り手側が仕入れ値の下降分の一部を最終商品の値段に反映してくれれば、「よいデフレ」が起こるというわけです。

では逆に「悪いデフレ」とはなんなのでしょうか?

それはGDPを見れば分かります。GDPは日本全体の付加価値の合計で、給与の源泉でした。これも日経新聞にちゃんと出ています。

この数値（図4）を見ると、2008年度以降に下降局面に入り、2009年1～3月はマイナス14%、4～6月の段階もマ

図４　国内総生産（GDP）

季節調整・年率・兆円　カッコ内は成長率（%）

	名目	実質
2006年度	510.9（1.5）	552.5（2.3）
2007年度	515.7（0.9）	562.4（1.8）
2008年度	494.2（▲4.2）	541.5（▲3.7）
2009年１月 2009年２月 2009年３月	475.6（▲14.0）	518.9（▲13.7）
2009年４月 2009年５月 2009年６月	475.2（▲0.4）	526.5（6.0）
2009年７月 2009年８月 2009年９月	472.4（▲2.3）	525.8（▲0.6）
2009年10月 2009年11月 2009年12月	473.0（0.5）	530.7（3.8）

参考：2010年４月26日付　日本経済新聞朝刊

イナス０・４％、７～９月もマイナス２・３％。よくない数字が続いています。

これはどういうことかといいますと、ＧＤＰ（名目ＧＤＰ）は給料の源泉ですからこの頃はずっと給料が下がり続けて需要不足がおこっていたということです。すると当然、消費者は買い控えに走り、ものの値段を下げざるを得ない。結果、景気が悪くなり、さらに給料が下がる……これが「悪いデフレ」であり、いわゆるデフレスパイラルなのです。

日経新聞から世界を見る

２００９年の中頃から、この「よいデフレ」と「悪いデフレ」が並行して存在していました。しかし世間では「悪いデフレ」の面ばかりが取りざたされ、結果として必要以上に「悪いデフレ」が進んでしまいました。これはとても残念なことです。デフレ、デフレと皆が騒ぐほど、「この先はモノの値段が下がる」と思う人が増えるので買い控えが起こり、余計にデフレが進むからです。

しかしよくよく数字を見ていれば分かるのですが、図３（１９３ページ）の輸入物価指数の前年比を見てみると、２００９年末からプラスに転じています。この時期は、原油価格などが段々と底値から回復していった時でもありました。

これは中国をはじめとする新興国で景気がよくなったことのあらわれです。新興国は資源を大量に輸入していますから、同じく資源の大量輸入国である日本の輸入物価も上昇します。すると、物価も上昇していきます。

これは日本に限った現象ではありませ

図５　アメリカとユーロ圏の国内総生産と消費者物価指数

（%）

	国内総生産（実質年率）		消費者物価（前年比）	
	アメリカ	ユーロ圏	アメリカ	ユーロ圏
2007年	2.1	2.7	2.8	2.1
2008年	0.4	0.6	3.8	3.3
2009年	▲2.4	▲4.1	▲0.4	0.3
09年４月	▲0.7	▲0.5	▲0.7	0.6
５月	（４月―６月）		▲1.3	0
６月			▲1.4	▲0.1
７月	2.2	1.7	▲2.1	▲0.7
８月	（７月―９月）		▲1.5	▲0.2
９月			▲1.3	▲0.3
10月	5.6	0.5	▲0.2	▲0.1
11月	（10月―12月）		1.8	0.5
12月			2.7	0.9
10年１月	―	―	2.6	1
２月	（１月―３月）		2.1	0.9
３月			2.3	1.5

参考：2010年４月13、26日付　日本経済新聞朝刊

ん。アメリカやユーロ圏の消費者物価指数（197ページ、図5）を見てみると、日本同様、2009年10月までは消費者物価指数はマイナス。けれど11月からプラスに転じています。アジアもまた同様です。

中国の国内総生産（図6）を見ると、2007年以降ずっと高いプラス成長を続けています。この中国であっても、他国と同じく2009年の10月まで消費者物価はマイナスでしたが、11月からプラスに転じています。他のアジア諸国も同じような状況でした。韓国だけはウォン安の影響で輸入物価が上昇し、マイナスにはなりませんでしたが傾向は同じです。そんな中、日本だけがいつまでもマイナスでした。「悪いデフレ」だけが残ってしまったのです。

このように、新聞の中には実に多様な情報が溢れています。ですが、それをひとつの側面からしか見なければ、全体を分析することはできません。たとえば日本の消費者物価を見たら、次は輸入物価のことも考えなくてはいけません。さらに日本だけでなく、他国の状況はどうかというふうに頭を巡らせなければ、世界の情勢を包括的に理解することはできません。

最初は難しいかもしれませんが、慣れてくればほんの数秒でできるようになります。それだけ、新聞は丁寧に情報をまとめてくれているのです。

図６　アジアの国内・域内総生産と消費者物価指数

（%）

	国内・域内総生産（前年比）					消費者物価（前年比）				
	中国	香港	台湾	韓国	シンガポール	中国	香港	台湾	韓国	シンガポール
2007年	13	6.4	6	5.1	8.2	4.8	2	1.8	2.5	2.1
2008年	9.6	2.1	0.7	2.3	1.4	5.9	4.3	3.5	4.7	6.6
2009年	8.7	▲2.7	▲1.9	0.2	▲2.0	▲0.7	0.5	▲0.9	2.8	0.6
09年４月						▲1.5	0.6	▲0.5	3.6	0.3
５月	7.9	▲3.7	▲6.9	▲2.2	▲3.1	▲1.4	0	▲0.1	2.7	0.2
６月	（４月―６月）					▲1.7	▲0.9	▲2.0	2	0
７月						▲1.8	▲1.5	▲2.3	1.6	▲0.3
８月	9.1	▲2.2	▲1.0	1	0.6	▲1.2	▲1.6	▲0.8	2.2	▲0.3
９月	（７月―９月）					▲0.8	0.5	▲0.9	2.2	▲0.5
10月						▲0.5	2.2	▲1.9	2	▲0.9
11月	10.7	2.6	9.2	6	4	0.6	0.5	▲1.6	2.4	▲0.8
12月	（10月―12月）					1.9	1.3	▲0.3	2.8	▲0.5
10年１月						1.5	1	0.3	3.1	0.2
２月	11.9	―	―	―	13.1	2.7	2.8	2.4	2.7	1
３月	（１月―３月）					2.4	―	1.3	2.3	―

参考：2010年４月19日付　日本経済新聞朝刊

げほっ
げほっ！
ごほっ
無事ですか
レイさん
なんとか…

グ……
2人とも
無事か…
ぼ…僕らを
かばったんですか？
今ガレキを
どかします
父さん！
さっきの爆発…
このビルはまだ
もつかしら…
あの男がたった1人で
設置できる爆薬で
倒壊するほど
このビルは
やわな造りではない…
ここの地下闘技場も
表面が崩れただけだ
くっ…
ぼっちゃま
これを！
頭を切っています
安静にしていて
ください…
…ミコト
お前に社員からの
不満が集まって
きていたことは
知っていた…
えっ？

つまりお前はそういう男なのだ
私には言えないこともお前になら素直に言える
お前の目や耳は常に社員に向いていると皆が思っているのだ
さっきのお前の意見を聞いて確信した
お前には経営者としての資質がある
私には…ないものだ…
そんなこと…だって父さんは梁山泊を再興したし
梁山泊再建のためすべてを犠牲にしてやっただけだ
今の私のこの姿を含め全部…
……そう
そうであったら…彼女とも別れずにすんだ……
私が最初から皆がついてくるような男であれば…
このように常に人を威嚇《いかく》する態度をとる必要などない
…………

私は梁山泊を継ぐつもりはなかった
お前たちの母とはそのつもりで結婚した
しかし私が梁山泊を継ぐのを避けることができなくなり…
彼女は悩んだ末に私のもとを去った
梁山泊総師の妻ともなればその生活は多忙だ
彼女の経営コンサルタントとしての使命と
2人の子育てと3つを抱えることなど不可能だった
その結果…
彼女と2度も悲しい別れをすることになったけれど……
彼女の選択はやはり正しかった
その証拠が…
レイ
お前の今の姿だ
本当に立派になったな
お母さんにそっくりだ

何よ…
…今さら
父親面して………
帝左衛門ンンン！
ガシャッ
許さねぇ
お前だけは
絶対に！
うおおおおお
グァッ

待ちなさい！
あなたはこのビルに爆薬を仕掛けた
今またその刃物で人を傷つければ
あなたの工場再生はできなくなるわよ！
こ…工場再生？
何言ってんだ！今さらそんなことできるわけが…
チラッ

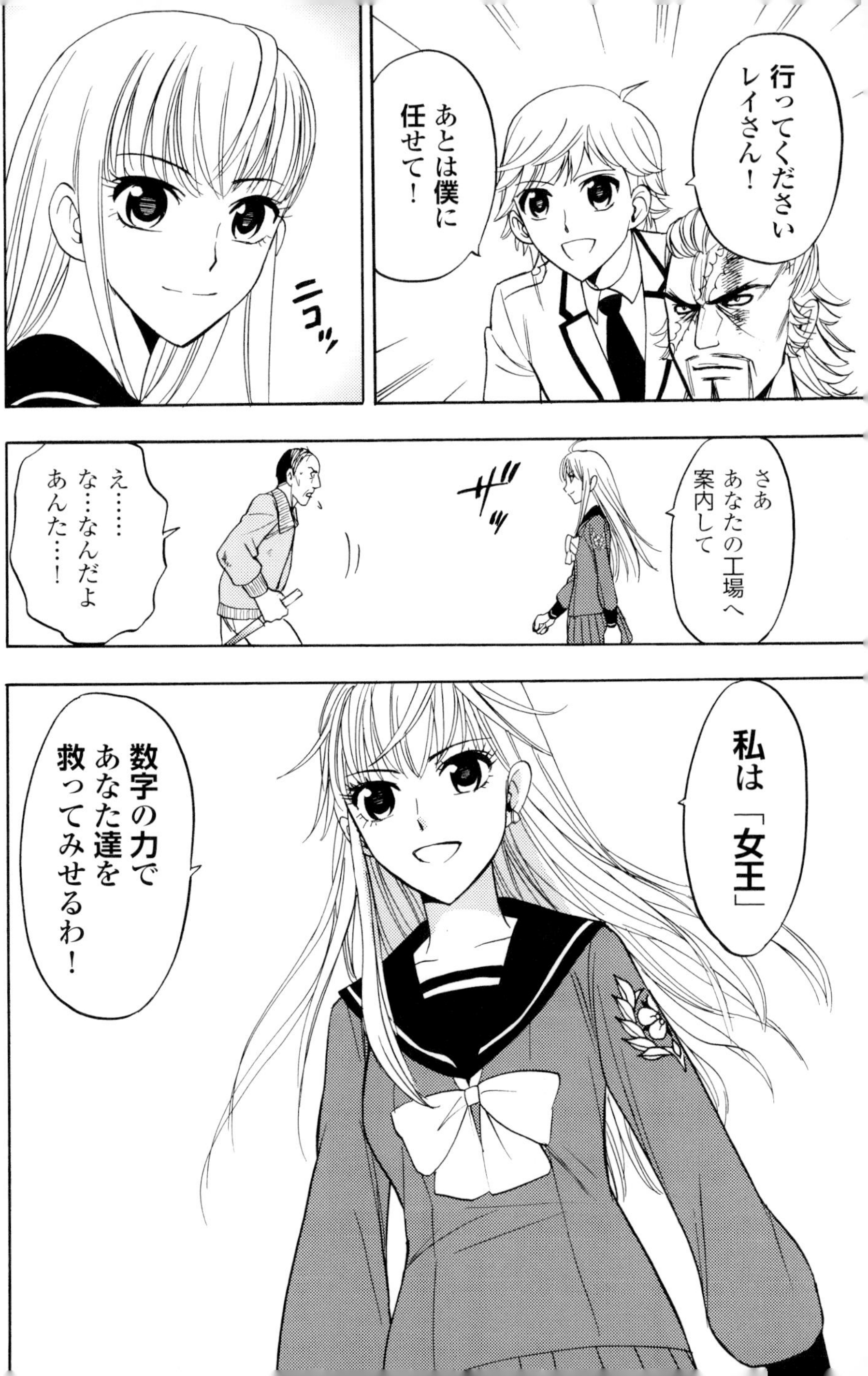
行ってください
レイさん！
あとは僕に
任せて！
ニコッ
さぁ
あなたの工場へ
案内して
ザッ
え……
な…なんだよ
あんた…！
私は「女王」
数字の力で
あなた達を
救ってみせるわ！

〈著者略歴〉

小宮一慶（こみや　かずよし）

経営コンサルタント。株式会社小宮コンサルタンツ代表。十数社の非常勤取締役や監査役も務める。

1957年、大阪府堺市生まれ。81年、京都大学法学部卒業。東京銀行に入行。84年７月から２年間、米国ダートマス大学経営大学院に留学。ＭＢＡ取得。帰国後、同行で経営戦略情報システムやＭ＆Ａに携わったのち、岡本アソシエイツ取締役に転じ、国際コンサルティングにあたる。その間の93年初夏には、カンボジアＰＫＯに国際選挙監視員として参加。94年５月からは、日本福祉サービス（現セントケア）企画部長として在宅介護の問題に取り組む。96年に小宮コンサルタンツを設立し、現在に至る。

主な著書に、『ビジネスマンのための「発見力」養成講座』『ビジネスマンのための「数字力」養成講座』『どんな時代もサバイバルする会社の「社長力」養成講座』（以上、ディスカヴァー・トゥエンティワン）、『「１秒！」で財務諸表を読む方法』『「１秒！」で財務諸表を読む方法【実践編】』（以上、東洋経済新報社）、『日経新聞の数字がわかる本』（日経ＢＰ社）、『ぶれない人』（幻冬舎）、『決算書速習教室』『たった５分で「あなたと一生仕事をしたい」と思われる話し方』『ひらめき力速習教室』（以上、ＰＨＰ研究所）など多数。

ブログ　http://komcon.cocolog-nifty.com/

［マンガ制作］
株式会社トレンド・プロ／ブックスプラス
マンガやイラストを使った各種ツールの企画・制作を行なう1988年創業のプロダクション。日本最大級の実績を誇る株式会社トレンド・プロの制作ノウハウを書籍制作に特化させたサービスブランドがブックスプラス。企画・編集・制作をトータルで行なう業界屈指のプロフェッショナルチームである。

TRENDPRO BOOKS
ＵＲＬ　http://www.books-plus.jp/
東京都港区新橋2-12-5 池伝ビル3F
ＴＥＬ　03-3519-6769
ＦＡＸ　03-3519-6110

数字で考える習慣をもちなさい
女子高生コンサルタント・レイの数字眼

2011年2月10日　第1版第1刷発行

著　者　小宮一慶
漫　画　蒼田山
発行者　安藤卓
発行所　株式会社ＰＨＰ研究所

東京本部　〒102-8331　千代田区一番町21
コミック出版部　☎03-3239-6288（編集）
普及一部　☎03-3239-6233（販売）
京都本部　〒601-8411　京都市南区西九条北ノ内町11

PHP INTERFACE　http://www.php.co.jp/

制作協力
組　版　株式会社PHPエディターズ・グループ

印刷所
製本所　凸版印刷株式会社

ISBN978-4-569-79455-6